Karl Zell

Die Kirche der Benedictiner-Abtei Petershausen bei Konstanz

Ein Beitrag zur Kunstgeschichte des südlichen Deutschlands. Die bildlichen Darstellungen der Himmelfahrt Christi vom sechsten bis zwölften Jahrhundert.

Karl Zell

Die Kirche der Benedictiner-Abtei Petershausen bei Konstanz
Ein Beitrag zur Kunstgeschichte des südlichen Deutschlands. Die bildlichen Darstellungen der Himmelfahrt Christi vom sechsten bis zwölften Jahrhundert.

ISBN/EAN: 9783743632035

Hergestellt in Europa, USA, Kanada, Australien, Japan

Cover: Foto ©Lupo / pixelio.de

Weitere Bücher finden Sie auf **www.hansebooks.com**

Die
Kirche der Benedictiner-Abtei Petershausen
bei Konstanz.

Ein Beitrag zur Kunstgeschichte des südlichen Deutschlands

von

Karl Zell.

———

Mit einem Anhange:

Die

bildlichen Darstellungen der Himmelfahrt Christi

vom sechsten bis zum zwölften Jahrhundert.

Von

Professor C. P. Bock.

Mit fünf Illustrationen.

(Aus dem Archiv für die Geschichte der Erzdiöcese Freiburg. II. Band.)

Freiburg im Breisgau.
Herder'sche Verlagshandlung.
1867.

Buchdruckerei der Herder'schen Verlagshandlung in Freiburg.

Erstes Kapitel.

Einleitung. Gründung des Klosters Petershausen. Beschreibung der ersten Kirche daselbst nach ihren Haupttheilen.

In der Abhandlung über das Leben des Bischofs Gebhard III. von Konstanz, welche der erste Band dieses Archives enthält, war es zunächst nöthig den kirchlichen und politischen Zustand des Bisthums Konstanz in jener Zeit, in welcher dieser Bischof aus dem Stamme der Zähringer lebte und wirkte, als den historischen Hintergrund seines persönlichen Auftretens zu schildern. Um aber ein vollständiges Bild jener Zeit zu haben, wäre es nöthig gewesen, auch noch den damaligen Zustand der Wissenschaft und Kunst in dem genannten Bisthum zu schildern. Indem wir uns vorbehalten, diesen Theil unsrer Aufgabe noch nachträglich zu behandeln, geben wir hier einstweilen als einen Beitrag zur Konstanzer Kunstgeschichte die vorliegende Abhandlung über die Kirche der Benedictiner-Abtei Petershausen bei Konstanz.

Die Gründung der ersten Kirche daselbst geschah zwar ungefähr ein Jahrhundert vor der bischöflichen Regierung Gebhards III. und anderseits gehört das noch vorhandene Portal der auf diese erste folgenden zweiten Kirche seiner Entstehung nach in eine um mehrere Jahrzehnte spätere Zeit. Aber da in den Formen der bildenden Kunst die Veränderungen nur in einer allmähligen und stetigen Bewegung vor sich gehen, so kann dieses Werk der Architektur und der übrigen bildenden Künste dennoch als Repräsentant der Kunstleistungen zur Zeit Gebhards III. gelten. Ueberdieß mag auch noch zu Gunsten dieses unsers kleinen Beitrages zur Kunstgeschichte angeführt werden, daß diese Kirche zu Petershausen bisher in den allgemeinen kunsthistorischen Werken noch nicht die ihr gebührende Beachtung gefunden hat. Es wäre diese Beachtung um so mehr angezeigt gewesen, wenn wirklich „das gesammte südliche Deutschland diesseits des Rheins in der früh romanischen Periode (900—1150) sehr arm an Monumenten war", wie ein berühmter Kunsthistoriker urtheilt. Doch dürfte dieses Urtheil wohl etwas zu modificiren sein [1].

Die Geschichte des Baues der Kirche zu Petershausen zerfällt in zwei Perioden. Die erste reicht von der ersten Gründung derselben im Jahre 983 bis zu ihrer Zerstörung durch eine große Feuersbrunst im J. 1159, die zweite Periode beginnt mit dem Wiederaufbau im Jahre 1162 bis zu dem wegen Alters und Baufälligkeit nothwendig gewordenen Abbruch der Kirche im J. 1831. Von jener ersten Periode haben wir nur Kenntniß durch die schriftliche, aber ins Einzelne gehende Erzählung und Beschreibung, welche uns die Chronik von Petershausen gibt. Aus der zweiten Periode haben wir noch einen bedeutenden Theil des Baues, das Hauptportal, übrig.

Als nämlich die zweite Kirche von Petershausen, wie oben bemerkt, wegen Baufälligkeit abgebrochen werden mußte, so machten die beiden Brüder des höchstseligen Großherzogs Leopold, die Markgrafen Wilhelm und Maximilian großherzogliche Hoheiten, als Besitzer sämmtlicher Klostergebäude zu Petershausen, dieses Portal mit seinen merkwürdigen Bildnereien und Inschriften dem Großherzog zum Geschenk und ließen es in dem Garten des Schlosses Neu-Eberstein im Murgthale aufstellen. Der verstorbene großh. bad. General Krieg von Hochfelden verfaßte zur Erklärung dieses Portals eine sehr interessante kleine Schrift, welche durch die Munificenz S. K. H. des Großherzogs Leopold mit sehr gelungenen Abbildungen ausgestattet erschien, aber nur in wenigen Exemplaren gedruckt wurde und nicht in den Buchhandel kam. Es wurde uns gnädigst gestattet, von den geschnittenen Holztafeln, welche jene Abbildungen enthalten, auch für dieses unser Archiv Gebrauch zu machen, wofür unser Verein den unterthänigsten Dank darzubringen sich verpflichtet fühlt [2].

Die Petershauser Chronik [3], *Casus Petershusani monasterii*, überschrieben, hat zum Verfasser einen Mönch dieser Abtei, der im zwölften Jahrhundert lebte und die Chronik von 976 bis zum J. 1156 fortführte, worauf das Werk von andern Verfassern fortgesetzt wurde bis zum Jahr 1249. Diese Chronik gehört zu den interessantesten Klosterchroniken. Sie hat an vielen Stellen durch naive und lebendige Darstellungsweise einen besondern Reiz. Aus dieser Chronik, in Verbindung mit den andern dafür vorhandenen Quellen, werden wir nun die Gründung Petershausens erzählen und eine Beschreibung der Kirche daselbst zu geben versuchen. Wir werden dabei nach dem Zwecke dieses unsers Archives, zu welchem auch die Beförderung der Kenntniß der christlichen Kunst der Vorzeit gehört, manche allgemeine Bemerkungen beifügen, welche für einen Theil unserer Leser Bekanntes enthalten mögen, einem andern Theile derselben aber vielleicht nicht unwillkommen sein werden.

Der Gründer der Abtei Petershausen und der Bauherr des dortigen

Kirchenbaues war Gebhard II., Bischof von Konstanz (980 bis 996). Aus dem Geschlechte der Grafen von Bregenz stammend und an der Domschule zu Konstanz gebildet, schon von dem hl. Konrad, Bischof von Konstanz, unter die Zahl der dortigen Canoniker aufgenommen, mit Kaiser Otto II. sehr befreundet, war er ein Mann von großen Tugenden und von thatkräftigem Charakter; nach seinem Tode als ein Heiliger von dem gläubigen Volke verehrt und als solcher von der Kirche anerkannt. In den ersten Jahren, nachdem er den bischöflichen Stuhl bestiegen hatte (980), faßte er den Entschluß, ein Kloster zu stiften und führte sofort diesen Entschluß aus (983).

Als den geeigneten Platz für seine neue Gründung ersah er eine Stelle gegenüber von Konstanz auf dem rechten Ufer des Rheines. Dort hatte die Abtei Reichenau ein Stück Land. Gebhard tauschte dasselbe ein gegen Grundeigenthum, das er bei Zurzach hatte. Er theilte diese neu erworbenen Ländereien in drei Theile; einen Theil vergabte er dem bischöflichen Stuhle, den zweiten dem Domcapitel und den dritten Theil dem neu zu gründenden Kloster[4].

Das für die neue Gründung bestimmte Terrain war schön gelegen, aber sumpfig; es mußte durch geeignete Erdarbeiten trocken gelegt werden. Von den auf jenen Ländereien wohnenden hörigen Leuten wurde der entsprechende Theil dem Kloster zugewiesen, welche demselben als Fischer, Schiffer, Ackerknechte und für die übrigen Geschäfte Frohndienste leisteten, dafür Wohnung, Kost, den Genuß von Grundstücken hatten und von dem sog. Sterbfall befreit waren[5]. Das Kloster, dem hl. Gregorius als Patron gewidmet, führte anfangs dessen Namen[6], erhielt aber später den Namen Petershausen. Die ersten Bewohner des Benedictiner=Klosters, den Abt mit zwölf Mönchen, berief Gebhard aus dem Kloster Einsiedeln. Noch zu seinen Lebzeiten stieg ihre Zahl auf achtzig. Für den ersten Anfang hatten die Mönche zum Gebrauch des Gottesdienstes nur ein Oratorium, eine Kapelle, die dem hl. Michael geweiht war; aber nach ganz kurzer Zeit ging man an den Bau einer Kirche.

Zur Herstellung großer und würdiger monumentaler kirchlicher Bauten gehören zwei Bedingungen: reiche Geldmittel und der künstlerische Genius. Die erste dieser Bedingungen war bei diesem Petershauser Kirchenbau in vollstem Maße vorhanden. Es ist erstaunlich, wie viele und große Vergabungen Bischof Gebhard aus seinem eigenen großen Familiengute dem von ihm gestifteten Kloster auch nach der ersten gewiß nicht sparsamen Dotation noch zuwendete, und wie große Vergabungen dasselbe auf seine und seines Bruders Marquard Fürsprache von Kaiser Otto II. erhielt. Neugart bemerkt nach Aufzählung derselben, „daß

A*

gewiß wenige Klöster sogleich bei ihrem ersten Anfange so reich ausgestattet wurden, als Petershausen" [7]. Was jene andere Bedingung zur Herstellung eines großen und würdigen Werkes der Architektur betrifft, so gilt zwar im allgemeinen der Zustand der europäischen Wissenschaft und Kunst gerade in dem zehnten Jahrhundert als ein sehr gesunkener. Aber wenn das auch für andere europäische Länder anzunehmen ist, so war dieses in Deutschland in dem Zeitalter der Ottonen nicht ebenso der Fall. Die deutschen Klöster waren damals nicht bloß Stätten theoretischer künstlerischer Bildung, sondern auch die praktische Kunstübung in Architektur, Sculptur und Malerei lag vorzugsweise in den Händen der Klostergeistlichen. Auch saßen auf deutschen Bischofsstühlen damals Männer, welche die Kunst mit dem größten Eifer förderten und nicht bloß Kunstkenner, sondern auch in manchen Zweigen ausübende Künstler waren, wie Bernward in Hildesheim, Willigis in Mainz, Meinwerk in Paderborn. Die Diöcese Konstanz insbesondere hatte in diesem Jahrhunderte ausgezeichnete Bischöfe von großer geistiger Begabung und literarischer Bildung, wie Salomo III., Nothing, der hl. Conrad. Außerdem stand St. Gallen als ein Hauptsitz der Gelehrsamkeit und Kunst noch in Blüthe, und neben ihm auch Reichenau, wo gerade damals gleichfalls bedeutende Bauten von Abt Witigow ausgeführt wurden [8]. So darf man von vornherein annehmen, daß auch die künstlerischen Kräfte, wie sie überhaupt damals zu erhalten waren, bei dem neuen Bau von Petershausen nicht fehlten.

„Im Jahre 983 der Menschwerdung des Herrn (berichtet die Petershauser Chronik) ließ Bischof Gebhard die Fundamente der Basilika legen. Er ließ überall Pfahlwerk (Röste) anbringen, um die Feuchtigkeit des Bodens auszutrocknen. Er brachte vier Goldmünzen dar, welche er unter die vier Ecken der Kirche legte [9]."

Darauf folgt die Beschreibung der Kirche. Diese Beschreibung beschäftigt sich aber mehr mit der innern Ausstattung und Auszierung als mit dem Grundplan, der Hauptform und den Maßen des Baues. Doch sieht man schon aus der eben angeführten Stelle der Chronik, daß der Hauptbau eine viereckige Basilika war. Aus andern Stellen, welche wir weiter unten mittheilen werden, läßt sich über die Construction des Baues noch manches Andere entnehmen.

Im Allgemeinen läßt uns schon die Zeit des Baues auf dessen Form und Charakter schließen. Die romanische Periode der Architektur war im zehnten Jahrhundert kaum begonnen; der altchristliche Basilikenbau dauerte noch fort. Diese allgemeinen Richtpunkte würden jedoch für sich nicht vollständig ausreichen, um uns eine genauere Vorstellung von der

Petershauser Kirche zu geben, wenn wir nicht an einer anderwärts vorkommenden Nachricht über diesen Bau einen Anhaltspunkt und eine Grundlage dafür hätten. Ein Schriftsteller, zwar erst aus dem Anfange des sechzehnten Jahrhunderts, Felix Manilius (oder Manlius), von dem wir ein Leben des hl. Gebhard haben, der aber außer der Petershauser Chronik noch andere urkundliche Quellen und die damals vorhandene mündlich traditionelle Kunde benutzte, berichtet nämlich über diesen Kirchenbau im Ganzen Folgendes: „Die Kirche ist nach der Form der dem Ersten der Apostel zu Rom errichteten Basilika gebaut, weswegen er (Gebhard) diesen Ort Petershausen nannte" [10]. Darauf deutet auch hin, daß die Petershauser Chronik bei der weiter unten mitzutheilenden Notiz über die Art der Aufstellung der wichtigsten Reliquie dieser Kirche, des Hauptes des hl. Gregorius, sich auf die Uebereinstimmung hierin mit der Peterskirche zu Rom beruft. Auch war der Erbauer derselben, Bischof Gebhard II., während des Baues (989) selbst einmal in Rom. Endlich spricht die Uebereinstimmung einzelner Theile beider Kirchen für die Nachricht bei Manilius. Wenn es aber auch der Wille des Erbauers war, seine Kirche am Bodensee der St. Peterskirche zu Rom möglichst ähnlich zu machen, so wird man dennoch, auch ganz abgesehen von der Größe, keine ganz exacte Copie hier erwarten dürfen.

Den Plan und die einzelnen Theile der alten St. Peterskirche zu Rom, welche, von Konstantin dem Großen erbaut, in ihren wesentlichen Theilen bis zu ihrem Abbruch in dem sechzehnten Jahrhundert bestand, kennt man. Es war eine fünfschiffige Säulen-Basilika; die Säulen durch Architrave, nicht durch Bogen verbunden, mit flacher Decke; mit dem Eingang gegen Osten und mit dem Chor im Westen [11]. Die alte Peterskirche zu Rom erfuhr, wie natürlich, während ihres mehr als tausendjährigen Bestandes vielerlei Veränderungen. Wir legen aber bei der hier folgenden Vergleichung der Petershauser Basilika mit der römischen den Zustand der letzteren zu Grunde, wie er um das Jahr 800 ungefähr war und von Bunsen dargestellt wird. In dieser Gestalt ohngefähr sah auch noch Bischof Gebhard II. von Konstanz die römische Peterskirche. Wir werden nun mit fortwährender Vergleichung beider Kirchen, zuerst den Hauptbau der Petershauser Basilika und dann die dazu gehörigen Kapellen in Betrachtung ziehen.

In dem altchristlichen Kirchenbau bestanden bekanntlich die beiden Arten von Kirchen, der Centralbau (runde und vieleckige Kirchen) und der oblonge Bau (die Basiliken im engern Sinne des Wortes) neben einander, wenn auch die erste Form im Orient, die zweite im Occident vorherrschte. Die alte Peterskirche, dieser zweiten Form angehörend und in kolossalen

Dimensionen gebaut, war mit dem Eingang im Osten nach Westen gerichtet; sie hatte ein hohes Langhaus, dessen Mauern durch Säulen getragen wurden; auf jeder Seite mit zwei niederen Seitenschiffen (eine fünfschiffige Säulen-Basilika) mit einem Querschiff, Chor, der in einem halbrunden Gewölbebau (Apsis) abschloß, darunter eine Krypta. Das Hauptschiff hatte eine flache Decke. Am Eingange der Kirche im Osten war eine Vorhalle (Porticus) und vor der Vorhalle ein Vorhof (Atrium).

Vergleichen wir damit die Petershauser Kirche, so finden wir bei ihr dieselben wesentlichen Theile. Auch sie war eine oblonge Basilika. Ueber ihre Dimensionen fehlen uns nähere Angaben. Wenn auch, mit der römischen St. Peterskirche verglichen, klein, muß die Kirche am Bodensee dennoch von bedeutender Größe gewesen sein. Man muß dieses daraus schließen, weil man mit großer Energie und mit reichlichen Mitteln versehen unausgesetzt neun Jahre lang daran baute (von 983 bis 992).

Was die Orientirung der Kirche betrifft, so war es zwar von früher Zeit an christliche Sitte, den Eingang der Kirchen im Westen und den Altar gegen Osten zu richten; dennoch gab es aber auch nicht wenige Kirchen und gerade zu Rom, die umgekehrt gerichtet waren. Daß man zu Petershausen von der sonst damals üblichen allgemeinen Sitte der Orientirung der Kirchen abwich, beruht nur auf dieser Nachahmung der St. Peterskirche zu Rom. In den so orientirten altchristlichen Kirchen (mit dem Chor im Westen) stand der celebrirende Priester am Altar auf der Seite, wo er dem Volke und dem Eingang der Kirche, also dem Osten zugewendet war [12].

Daß die Basilika zu Petershausen eine fünfschiffige war, wird nirgends ausdrücklich berichtet. Man könnte daran im ersten Augenblicke zweifeln, in der Meinung, daß zwei Schiffe auf jeder Seite nur bei ganz großen Hauptkirchen vorkommen könnten, wie außer St. Peter zu Rom auch noch bei der St. Paulskirche und der Lateranskirche daselbst. Aber diese Anordnung trifft sich auch bei altchristlichen Kirchen von verhältnißmäßig geringem Umfange, wie z. B. bei den zwei Kirchen in Algerien, der Basilika des Reparatus in Orleansville, welche nur 80 Fuß lang und 50 Fuß breit ist, und bei der nicht größern Basilika unter den Trümmern von Tipasa. Auch in Deutschland fehlte es nicht an fünfschiffigen Kirchen, aber erst aus dem dreizehnten Jahrhundert [13]. Somit könnte man immerhin annehmen, die Nachbildung am Bodensee von St. Peter zu Rom habe gleichfalls vier Nebenschiffe gehabt.

Daß Petershausen keine Pfeiler-Basilika war, sondern Säulen hatte, geht daraus hervor, weil bei der Beschreibung des großen Brandes, welcher diese Kirche 1159 zerstörte, ausdrücklich Säulen genannt werden, welche durch die Hitze zerbarsten [14]. Daß aber die Säulen des Hauptschiffes durch Architraven verbunden waren wie in St. Peter zu Rom, wird man bezweifeln müssen. Man wird sich vielmehr die Verbindung durch Rundbogen vorzustellen haben, wie diese für die Säulenstellung der Nebenschiffe auch in St. Peter stattfand. Doch ist die Verbindung der Säulen durch Architrave statt Bogen in der romanischen Periode nicht ganz ohne Beispiel in Deutschland: wir finden sie in der Krypta der Wiperti=Kirche zu Quedlinburg [15].

Chor und Apsis verstehen sich von selbst. Hervorzuheben ist aber, daß zu Petershausen, wie überhaupt in den altchristlichen Kirchen, der Chor verhältnißmäßig nicht sehr groß war und daß man ihn später im elften Jahrhundert durch Abtragung einer Anzahl der Stufen, die zum Altar führten, vergrößerte [16]. Es ist bekannt, daß einer der Unterschiede zwischen dem romanischen Baustile und dem altchristlichen, an welchen er sich unmittelbar anschloß, gerade in der Vergrößerung des Chors bestand. Diese Vergrößerung war nöthig, weil, besonders in zahlreich besetzten Klöstern, der Raum für die Geistlichen im Chor erweitert werden mußte [17].

Eine Krypta hatte die Petershauser Basilika gleichfalls, wie St. Peter, so wie dieses überhaupt bei den größern Kirchen dieser und der nächstfolgenden Periode die Regel war. Die Petershauser Chronik berichtet darüber: „Gebhard ließ eine Krypta in dem westlichen Theile bauen. Er ließ darin einen Brunnen graben und einen Altar des hl. Martinus daselbst aufstellen. Bischof Gebhard III. entfernte den Altar später wegen Feuchtigkeit des Ortes" [18].

Daß das Terrain, auf dem die Kirche gebaut wurde, sumpfig war und durch eingerammte Pfähle für die Fundamente befestigt werden mußte, ist oben schon bemerkt worden. Aber wozu ein gegrabener Brunnen in der Krypta, was nicht auf irgend einem Bedürfniß oder einer Sitte beruhte? Vielleicht um der Feuchtigkeit des Bodens einen Abzug zu geben; vielleicht hängt dieser Brunnen der Krypta aber auch mit der Nachbildung der St. Peterskirche zusammen. Denn in den unterirdischen, mit der Krypta derselben zusammenhängenden Katakomben entdeckte man bei der Anlage der neuen Peterskirche die sog. Taufquelle des hl. Petrus, eine Quelle, von wo aus man das Wasser in das Baptisterium leitete, wie eine noch übrige Inschrift des Papstes Damasus beweist [19]. An diese Taufquelle des hl. Petrus sollte vielleicht dieser Brunnen in der Krypta erinnern.

Die Basilika zu Petershausen hatte eine flache Decke von Holzgetäfel, wie die ältesten Basiliken überhaupt, wenn sie nicht ganz ohne Decke waren und unmittelbar das Gebälke des Daches über sich hatten. Daß die Decke flach und mit schönen Cassetten geschmückt war, sagt die Chronik ausdrücklich: „Gebhard schmückte die Deckenfelder der Basilika überall in gewissen Zwischenräumen mit vergoldeten Knöpfen (bullis)"[20]; desgleichen aus der Beschreibung des Manilius: „Er ließ die Mauern in gerader Richtung aufbauen bis zur Decke ohne Wölbung, so wie man sie jetzt noch sieht. Die Deckenfelder des Tempels scheinen in Kreuzesform oben zu schweben (nämlich über dem Langhaus und dem Querbau); die Deckenfelder selbst schmückte er überall mit vergoldeten Stäben, daß sie gleichsam den gestirnten Himmel darstellten"[31]. In der alten Peterskirche lag gleichfalls auf den Hauptbalken ein reich cassetirter und geschmückter geschlossener Plafond[22].

Ob die Fenster der Petershauser Kirche nach Art der ältesten Basiliken mit Vorhängen, oder durch Marmorplatten mit runden Löchern, oder mit Glas geschlossen waren, ist ungewiß. Das letztere ist unwahrscheinlich. Ein Brief des Abtes Gosbert aus Tegernsee (seit 982 Abt) dankt einem Grafen Arnold für das Geschenk der ersten farbigen Gläser, die er dem Kloster machte, als Werke einer ganz neuen Erfindung und fügt die Worte bei: „Die Fenster unserer Kirchen waren bis jetzt durch alte Tücher geschlossen[23]." Farbige Glasfenster werden bei der Petershauser Kirche erst im zwölften Jahrhundert genannt.

Die Thüren an dem Portal der ersten Peterskirche zu Rom waren von Bronze, das Hauptthor sogar mit Silberplatten bedeckt[24]. Von den Thüren zu Petershausen sagt der Chronist, „sie seien von unvergleichlicher Schönheit gewesen." Man wird sich dieselben nach diesem großen Lobe, wenn auch nicht gleichfalls von Silber, doch wohl von Bronze, vielleicht mit Bildwerken verziert, zu denken haben. Die Deutschen waren in dieser Periode berühmt als geschickte Erzgießer. Die aus der karolingischen Zeit noch übrigen Erzthüren am Münster zu Aachen, so wie die Thüren an dem Dom zu Mainz aus dem Ende des zehnten oder Anfang des elften Jahrhunderts sind zwar ohne Bildwerke. Aber die bei dem letzteren Jahrhundert angehörenden erzenen Thürflügel an dem Dom zu Augsburg, aus einzelnen Tafeln zusammengesetzt, sowie die Erzthüren zu Hildesheim (1015) haben Bildwerke[25]. Unmittelbar vor dem Eingange in die Kirche durch diese schönen Thüren war die Vorhalle (Porticus), die aber später als zu schmal erschienen sein muß: denn Abt Theodorich, der 1086 bis 1116 dem Kloster vorstand, „erweiterte und verbesserte sie"[26].

Vor diesem Porticus war nun noch ein Vorhof (Atrium) nach dem Vorbilde von St. Peter. Ob auch das Atrium zu Petershausen wie das zu Rom gleichfalls an den drei Seiten, außer der an den Porticus stoßenden Seite Säulenhallen und in der Mitte einen Brunnen hatte, wissen wir nicht; aber das Vorhandensein eines Atriums steht urkundlich fest. Denn die Mönche, welche mit den Bauveränderungen, die ihr Abt Conrad im zwölften Jahrhundert vornahm, unzufrieden waren, klagten auch darüber, „daß er die großen, fruchttragenden Bäume in dem Atrium habe niederhauen lassen" [27].

Nun bleibt von den Haupttheilen der Kirche die Frage nach dem Thurme derselben noch übrig. Seit der Zeit, als man sich der Glocken zu dem kirchlichen Zwecke bediente, fing man an, Thürme zu bauen, um sie darin aufzuhängen. Es ist bekannt, daß die ältesten Glockenthürme mit den Kirchen selbst nicht im Zusammenhange waren und von ihnen getrennt standen. Erst später stellte man eine organische Verbindung der Thürme mit dem Kirchengebäude her. Bei der alten Peterskirche zu Rom soll Papst Stephanus in der Mitte des achten Jahrhunderts am Anfange des Atriums, also getrennt von der Kirche, einen Glockenthurm gebaut und mit drei Glocken versehen haben; nach andern Nachrichten Papst Hadrian gegen Ende desselben Jahrhunderts. Ueber die Form dieses ältesten Thurmes ist man nicht im Klaren [28]. Von der Art, wie zu Petershausen die Glocken angebracht waren, sagt die Petershauser Chronik nur kurz: „Die Glocken seien zwischen vier Säulen neben der Kirche aufgehängt gewesen" [29]. Es ist nicht klar, ob dieses vielleicht nur eine provisorische Einrichtung war bis zu dem Baue eines wirklichen Thurmes; oder ob es gleich Anfangs nach der Absicht des Erbauers eine bleibende Bauherstellung sein sollte. Vielleicht hatte der älteste Glockenthurm zu St. Peter, den wir nicht genau kennen, eine der hier beschriebenen Einrichtung ähnliche Form. Jedenfalls ist bei der Erbauung der Kirche eine organische Verbindung eines Thurmes mit der Kirche nicht erstrebt worden, wenn auch an die Stelle der vier die Glocken tragenden Säulen ein Thurm getreten sein sollte, vor dem von Abt Konrad im zwölften Jahrhundert gebauten. Daß aber bei der ersten Erbauung der Petershauser Basilika kein Thurm mit derselben organisch verbunden war, beruht ohne Zweifel auf dem dabei zu Grund liegenden Muster der alten St. Peterskirche zu Rom, und nicht etwa auf Unbekanntschaft mit jener architektonischen Verbindung von Thurm und Kirche. Denn ein Vorbild davon hatte man ganz in der Nähe von Petershausen, in der dortigen noch stehenden, schon im Jahr 816 gebauten Kirche. Bei dieser ist nämlich der Thurm mit dem Portal verbunden [30].

Zweites Kapitel.

Innere Ausstattung der Kirche: Hochaltar.

Wir wenden uns nun zur Betrachtung der Ausstattung und Verzierung des Innern der ältesten Kirche zu Petershausen. Die altchristlichen Basiliken hatten häufig die Wände des Innern der Kirche, namentlich des Hauptschiffes, mit Mosaikbildern bedeckt. Nach diesem Vorbilde waren denn auch die Kirchen des romanischen Baustiles häufig mit Wandmalereien geschmückt. Ueberaus Weniges ist davon erhalten; aber von vielen solcher Wandgemälde romanischer Kirchen in Deutschland haben wir schriftliche Berichte [31]. Zu diesen Kirchen gehört nun auch die Kirche zu Petershausen. Ihr Vorbild, die Basilika St. Peter zu Rom, hatte die Wände in dem Hauptschiffe mit Mosaikbildern bedeckt, welche Darstellungen aus der biblischen Geschichte enthielten. Ciampini gibt uns Zeichnungen davon [32]. Eben solche Darstellungen zeigten auch die Wandmalereien in dem Hauptschiffe der Petershauser Kirche. Die Klosterchronik berichtet darüber Folgendes: „Die Wände der Basilika waren überall auf das Schönste bemalt. Auf der linken Seite der Kirche hatten sie Gegenstände der Darstellung aus dem Alten Testamente, auf der rechten Seite aber aus dem Neuen Testamente. Wo das Bildniß unsers Herrn vorkam, da war das Haupt mit einem goldenen Kreis umgeben. Der Bischof von Venedig hatte ihm (dem Bischof Gebhard) einen ganzen Scheffel von der griechischen Farbe, welche Lazur heißt (Ultramarin-Blau), gegeben, umsonst als Liebesgabe. Diese treffliche Farbe ist denn auch sehr reichlich, wie wir selbst gesehen haben, in diesen Wandmalereien angebracht" [33].

Bei Gelegenheit dieser Angabe über die Wandmalereien der Kirche theilt die Chronik in ihrer naiven Darstellungsweise eine Klosterlegende und Künstleranekdote mit, welche unsere Leser, wie wir hoffen, auch hier nicht ungern lesen werden [34].

„Als die Kirche (so fährt die Chronik fort) mit bunten Farben ganz eifrig ausgemalt wurde, so traf es sich einmal, daß Bischof Gebhard sich vom Orte entfernte und eine Zeit lang auswärts blieb. Inzwischen entwendeten treulose Maler die besten Farben, trugen sie in einen nahen Wald und vergruben sie dort heimlich. Als der heilige Bischof zurückgekehrt war, fingen die Maler an mit ungestümen Worten neue Farbstoffe zu verlangen, indem sie sagten, daß ihre Arbeit durch den Mangel an Farben sich verzögere. Als der selige Mann dieses hörte, so schwieg er eine Zeit lang, dann sagte er: „wenn es euch an Farbe fehlt, so muß sie freilich herbeigeschafft werden. Kommt also, geht mit mir: vielleicht wird uns der Herr in seiner Güte geben, was ihr wünschet, so daß ihr eure Arbeit beschleunigen könnt." Darauf führte er sie ohne Wegweiser gerade an den Ort, wo sie früher die Farben versteckt hatten. Dort steckte er seinen Stab in den Boden und sprach: „Hier grabt in Gottes Namen und sehet ob ihr Etwas findet." Sie in ihrem bösen Gewissen erschreckt gruben den Boden auf, und brachten so wider ihren Willen die Farben, welche sie vergraben hatten, wieder an das Licht. Darauf sagte der Mann Gottes heitern Angesichtes zu ihnen: „jetzt geht weiter, liebe Söhne, und arbeitet nun wegen dessen, was der Herr euch gezeigt hat, um so eifriger". Sie aber gingen erschreckt von dannen und verwundert über das Geschehene. An diesem Orte selbst aber brach eine Quelle hervor, welche dort jetzt noch fließt" [35].

Außer von jenen Wandgemälden in dem Langhause des Mittelschiffes spricht die Chronik auch von den Gemälden im Chor. Sie drückt sich zwar so aus, daß man dabei an ein Staffeleigemälde denken könnte; aber der dargestellte Gegenstand und die Natur der Sache nöthigt uns, auch hier ein Wandgemälde anzunehmen. Die Chronik sagt: „Auf dem Chore in einem besondern Gemälde ließ Bischof Gebhard das Bild der heiligen Gottesmutter Maria mit Gold und den besten Farben malen, und um sie herum in Kreuzesform die zwölf Apostel. Alles dieses läßt jetzt zu unsrer Zeit das Alter nicht mehr als das erscheinen, was es war" [36].

Von der übrigen innern Ausstattung der ersten Kirche zu Petershausen hebt die Klosterchronik noch besonders hervor: Den Hochaltar und das Grabmal des Bischofs Gebhard II., des Erbauers der Kirche.

Rufen wir uns vor der zu gebenden Beschreibung des Hochaltars zu Petershausen die Stellung und Form des Hauptaltars in das Gedächtniß zurück, wie sie im Allgemeinen in den altchristlichen Basiliken und auch noch in den Kirchen des romanischen Baustiles beschaffen waren. „Der abgeschlossene Chorraum war in zwei Hälften getheilt, in den hohen und in den niedern Chor. In dem hohen Chor (presbyterium, sacrarium) befanden sich die Kathedra des Bischofs und die Sitze der Priester, und zwar ganz an die Mauer gelehnt, die im Halbkreis (Apsis, Concha) schloß. Von dem Sitze des Bischofs aus waren nur einige Schritte an die Stufen des in der Mitte des Oberchors befindlichen Hauptaltares. Den Altartisch überdachte, nach Form eines heutigen Traghimmels, das Ciborium. Von dessen Decke hing über der Mitte des Altars das Speisegefäß zur Aufbewahrung des hl. Sakramentes herab; gewöhnlich

B*

hatte es die Gestalt einer Taube oder einer thurmartigen Büchse. Dieses Speisegefäß (ciborium) gab dem Ganzen den Namen. Das Ciborienbach ruhte auf vier außerhalb des Altars stehenden Säulen; zwischen diesen hingen vier Teppiche (Tetravela), mittelst deren der Altar ganz verhüllt werden konnte" [37].

Ueber den Petershauser Hochaltar berichtet uns die Klosterchronik Folgendes:

„Ueber der Krypta errichtete Bischof Gebhard das Sanctuarium, wo er den Hauptaltar der Ehre des hl. Gregorius geweiht hinstellte. Ueber demselben errichtete er ein überaus schönes Ciborium.

Nachdem er vier Säulen aus Steineichen (Ilex) hatte fertigen und an denselben die Darstellung von Reben hatte anbringen lassen, so versammelte er die Einwohner von Konstanz und redete sie also an: Ich habe vier Töchter, welche ich gern verheirathen möchte; aber ich kann sie nicht recht herausputzen ohne eure Beihülfe. Deßwegen komme ich zu euch, und bitte euch, daß ihr mir einige Tröstung zum Behuf ihres Putzes gewähren möget, nach euerm Vermögen und Belieben. Und als Alle antworteten, sie wollten sehr gerne thun, was er ihnen sagen würde: so ließ er die Säulen herbei bringen und sagte, er möchte gerne diese Säulen mit Silber bekleiden lassen, und er fing an zu bitten, daß sie ihm dazu behülflich sein möchten. Alle stimmten bei auf das Bereitwilligste. So bekleidete er denn mit ihrer Hülfe die Säulen und ließ sie auf sehr schön ausgehauene Basen von Stein stellen. Auf die Säulen setzte er vier Bogen, welche er auf der einen Seite mit vergoldetem Silber, auf der andern mit vergoldetem Kupfer bekleidete. Auf die Bogen und Säulen legte er eine Platte von der Größe, daß sie das ganze Ciborium bedeckte. Diese Platte hatte in der Mitte eine runde Oeffnung, welche innerhalb ringsherum mit vergoldetem Kupfer überkleidet war, unten aber einen hervorstehenden Rand hatte, den er mit Silber überkleidete, was später ein gewisser Abt wegnahm und Blei dafür anbrachte. Jene (die Decke des Ciboriums bildende) Platte war auf ihrer untern Fläche ganz mit vergoldetem Kupfer schön bedeckt und hatte in erhabener Arbeit die Bilder der vier Evangelisten und andere Figuren. An den vier Seiten waren silberne Streifen angebracht und auf jeder Seite war in goldenen Buchstaben je einer der folgenden vier Verse zu lesen:

  Dieses Werk, ob auch klein, doch die Arbeit mehrerer Künste,
  Weiht, Gregorius, dir mit frommer Bitte dein Diener,
  Bischof ohne Verdienst. Führ' ihn und der Gläubigen Heerde,
  Vater, durch dein Gebet einst hin zu den seligen Schaaren.

Ueber der Oeffnung der Decke war ein vieleckiger, vergoldeter Helm auf gedrechselten hölzernen Säulen angebracht, und auf demselben das Bild eines weißen, nach dem Volke schauenden Lammes.

Der Altar selbst war hohl. Er hatte gegen Osten eine Tafel (Antipendium) vom besten Golde und mit Edelsteinen verziert. Gegen Westen war eine mit Silber überzogene Tafel, welche in der Mitte ein Bild der hl. Maria in erhabener Arbeit, aus dem besten Golde gefertigt, enthielt, ein Talent Gold wiegend, welches der Abt Berthold zur Zeit einer Hungersnoth herabnahm, in kleine Stücke brach und zum Ankauf von Getreide veräußerte. Ueber dem Altar hängen verschiedene Gehäuse mit Reliquien von Heiligen.

Zu dem Altare selbst stieg man von dem Chore aus auf mehreren Stufen, welche der Abt Theodorich entfernen ließ, als er den Chor erweiterte. Auf der letzten dieser Stufen war in der Mitte ein etwas vertiefter Raum, so breit als der Altar, mit viereckigen Steinen umstellt und bis an den Altar selbst reichend, wo die Betenden sich niederknieten. Vor dem Altare war eine Marmorplatte von grüner Farbe in den Boden gelegt, welche die dort Knieenden zu küssen pflegten. Der Chor war aber sehr klein, weil der Raum durch die aufsteigenden Stufen verkürzt war" [38].

Zu dieser Beschreibung des Hauptaltars werden einige erläuternde Bemerkungen nicht unangemessen sein.

Die Ciborien der altchristlichen Kirchen waren dem Stoffe nach aus Holz, Marmor, edeln und unedeln Metallen. Man erstaunt, wenn man liest, wie viele solcher Ciborien aus Gold und Silber gefertigt wurden. Säulen der Ciborien von Holz mit Gold oder Silberblech überzogen, wie hier, kommen auch sonst vor [39].

Unter der „einen und der andern Seite" der vier Bogen (aus Holz), welche die Säulen des Ciboriums überspannten, ist die nach außen gerichtete Seite zu verstehen, welche mit Silberblech bekleidet war, und die innere, nach dem Innern des Ciboriums zugekehrte Seite der Bogen, welche mit Kupfer bedeckt war; beide metallene Verkleidungen waren vergoldet.

Unter den verschiedenen Formen von Ciborien in altchristlichen und romanischen Basiliken finden sich auch sonst solche, welche, wie das hier beschriebene, über der Decke noch einen besonderen Aufsatz hatten. So das Ciborium in der Kirche S. Giorgio in Velabro zu Rom und mehrere andere bei Ciampini abgebildete [40].

Der Altar war hohl, wie alle Altäre in den früheren Jahrhunderten, mochte der Altartisch auf Säulen stehen oder mochte er auf vier Wänden (Zargenwänden) stehen. Denn die Altartische mit massivem Gemäuer und dem kleinen Sepulcrum für die hl. Reliquien sind spätern Ursprungs, nachdem die Altäre nicht mehr auf dem wirklichen Grabe eines Heiligen errichtet wurden, noch auch ganze heilige Leiber oder größere Theile derselben in allen Kirchen im Innern der Altäre unter der Mensa bewahrt werden konnten. Die vier Wände des Altars wurden dann entweder mit kostbaren Stoffen behängt oder durch silberne und goldene, mit Sculpturarbeiten und Edelsteinen geschmückte massive Platten, oder durch mit Gold= und Silberblech bekleidete, ähnlich geschmückte Holztafeln, auch mit Erz= und Marmortafeln bedeckt. Es ist erstaunlich, und in Vergleich mit unsern jetzigen Verhältnissen kaum glaublich, wie viele und welche dem Stoff und der Form nach kostbare Werke der Art (Frontalien, Antipendien) in den Kirchen der altchristlichen Zeit und der romanischen Kunstperiode sich befanden. Und wie wenig von diesem großen Reichthume hat sich erhalten! In ihrer ursprünglichen Gestalt in Deutschland nur drei: das (leider nach Frankreich verkaufte) Frontal des ehemaligen Basler Altars im dortigen Münster, welches einst Kaiser Heinrich II. der Kathedrale zu Basel zum Geschenk gemacht hatte (1019), von Goldblech auf Cedernholz; ferner das Frontal des Hauptaltars in der ehemaligen Benedictiner=Klosterkirche Komburg in Württemberg, von vergoldetem getriebenen Kupfer; und endlich das vergoldete Frontal und die zwei Seitenstücke eines Altars in der Kirche von Kloster Neuburg an der Donau [41]. In ganz Frankreich hat sich kein einziges Denkmal dieser Art bis jetzt erhalten. Zu dieser Art von kirchlichen Denkmälern gehört nun auch der Petershauser Hochaltar, von welchem nur noch die Beschreibung sich erhalten hat. Das an der oben mitgetheilten Stelle angeführte Antipendium des Altars mit dem Bilde der heiligen Jungfrau war auf der Rückseite desselben (gegen Westen).

Diese Beschreibung ist aber zu vervollständigen durch eine andere Stelle der Chronik, welche das Antipendium (Frontale) der östlichen dem Volke zugekehrten Vorderseite des Altars also beschreibt [42]: „In der Mitte dieser Tafel war ein Kreis ringsherum mit kostbaren Edelsteinen dicht besetzt. Mitten in diesem Kreise ist das Bild unsers Herrn Jesus Christus, in seiner Majestät thronend, von schönster Arbeit. Rings umher sind Cherubim, jeder mit vier Angesichten, sechs Flügeln, und Räder mit Flügeln und Augen versehen; überdieß die neun Chöre der Engel mit Schalen in den Händen und die vierundzwanzig Greise, ihre Kronen vor dem Throne des Herrn niederlegend. Auch waren dort die vier Evangelisten, jeder in Elektrum [43] in der schönsten Arbeit. Ferner waren noch ringsherum an der Tafel Kreise angebracht mit Edelsteinen reich besetzt. Auch waren daselbst andere Bilder aus Elektrum; auf dem Ambo aber

Reben. Alles das war aus dem besten Golde und so schön gearbeitet, daß es eine Freude war, es zu sehen."

Der Chronist bedient sich hier der vergangenen Zeit bei der Beschreibung, weil er nach dem großen Brande von 1159 schrieb, welcher, wie so vieles Andere, so auch dieses schöne Werk vernichtete. Leider berichtet der Chronist an derselben Stelle, daß aber auch schon vor jenem Brande einzelne Stücke dieses kostbaren Werkes abgenommen und bei dem Mangel anderer Mittel zum Ankauf eines Grundbesitzes zu Minnenhausen verwendet wurden, der dem Abte unentbehrlich schien. Ob diese Altarstücke mit Gold- und Silberblech überkleidete geschnitzte Holztafeln waren, oder Metallplatten in getriebener Arbeit, ist nicht ersichtlich.

Ueber dem Altar hingen, wie die Chronik an der zuerst mitgetheilten Stelle berichtet, verschiedene Gehäuse mit Reliquien. Dazu bemerken wir vor Allem, daß hier als sich von selbst verstehend ausgelassen ist die Erwähnung des gleichfalls über dem Altar schwebenden oder darauf gestellten Gefäßes zur Aufbewahrung consecrirter Hostien (die Taube oder Pyxis). Ein solches Gefäß, eine mit Gold und Silber bedeckte Pyxis zur Aufbewahrung der consecrirten Hostien, unserem jetzigen Speisekelche entsprechend, hing vom Ciborium herab auf dem Hochaltar zu Petershausen, wie an einer andern Stelle der Chronik (V, 42) erwähnt wird. Reliquien von Heiligen in kostbaren Gefäßen, welche zu Petershausen von der Decke des Ciboriums herabhingen, stellte man von Frühem an auch auf die Altäre, obgleich dieses ursprünglich für unerlaubt galt. Aber bei dem innigen Gefühle der Verehrung und Liebe, welches alle Christen von den ersten Jahrhunderten an für die irdischen Reste der Martyrer und Heiligen, als für die theuersten Mitglieder der großen christlichen Gesammtfamilie, hatten und welches sich bis zu einem hie und da sogar übertriebenen Enthusiasmus steigerte, wurde diese Sitte bald so allgemein, daß Papst Leo IV. und das Concilium zu Rheims vom Jahr 867 das Aufstellen von Reliquien auf dem Altar förmlich erlaubten, jedoch mit der ausdrücklichen Vorschrift, daß außer den Reliquien, dem Evangelienbuch und dem oben angeführten Gefäß mit consecrirten Hostien, als Viaticum für die Kranken, durchaus sonst kein Gegenstand auf den Altartisch gestellt werden dürfe. Die auf den Altartisch gestellten Reliquienschreine gaben später die Veranlassung und den Entstehungsgrund zu den plastischen und gemalten Altaraufsätzen der spätern Periode [44]. Unter den auf dem Hochaltar zu Petershausen aufgestellten Reliquien war der Arm des hl. Apostels Philippus, wovon weiter unten.

Drittes Kapitel.

Grabdenkmal des Erbauers der Kirche, Bischofs Gebhard II. Kapellen. Kirchengeräthe.

Wir gehen nun über zu der Betrachtung desjenigen Denkmals in der Petershauser Basilika, von welchem die Klosterchronik nach dem Hauptaltar die ausführlichste Beschreibung gibt.

Dieses Denkmal, das Grabmal zu Ehren des Gründers der Kirche, des Bischofs Gebhard II. von Konstanz, war ein ausgedehntes und zusammengesetztes Werk der Architektur, Plastik und Malerei. Es werden davon in der Klosterchronik an zwei verschiedenen Stellen Beschreibungen gegeben; die eine bei Gelegenheit der Beerdigung des Bischofs, die andere bei der ersten Erhebung seines Leichnames (Elevation, Translation), einhundertachtunddreißig Jahre nach seinem Tode. Die beiden Beschreibungen stimmen nicht ganz überein. Namentlich erwähnt die zweite Beschreibung einen Theil des Grabdenkmales, den die erste nicht erwähnt.

Wir geben nun zunächst die beiden Beschreibungen und werden sie dann durch die nöthigen Bemerkungen zu erläutern suchen. Die erste Beschreibung lautet also [45]:

„Der Bischof wurde begraben in der Kirche, die er selbst errichtet hatte, in der südlichen Apsis.

Wir haben sein mit herrlicher Ausschmückung auf das Schönste hergerichtetes Grab selbst gesehen.

Zu Haupten hatte es einen zur Ehre des hl. Benedict geweihten Altar, wo täglich die Frühmesse gesungen wurde. Bei diesem Altar war ein Gemälde (tabula), welches unten ein Bild des Herrn hatte, zu dessen Rechten das Bild des hl. Gregorius, zu seiner Linken das Bild des hl. Gebhard. Oben an derselben Tafel waren Kupferplatten angebracht, auf welchen folgende Grabschrift mit goldenen Buchstaben zu lesen war:

> Irdischen Leiden zur Beute verschmäh' die weltliche Freude,
> Und denk' ernstlich bekehret, was diese Asche dich lehret.
> Er, den im Glanz wir betrachtet, liegt hier im Grab' umnachtet;
> Er, der die Stadt einst geleitet und überall Segen verbreitet.
> Er hat die Kirche gebauet, die ihr hier staunend beschauet.
> Seinem irdischen Theile verzeih' Gott; führ' ihn zum Heile;
> Der sein Herz dir weihte, verleih ihm ewige Freude.

In dem Umkreis des Grabes an der Mauer waren fünf Säulen aus Gyps gemacht, deren Kapitäle und Bogen mit zierlicher Sculptur geschmückt waren; darauf waren Reben, Vögel, vierfüßige Thiere schön abgebildet. Zu Haupten des Grabes war das Bild des Gekreuzigten, rechts davon das Bild des hier Bestatteten in seinem bischöflichen Ornate und wie bereit an den Altar zu gehen, in der Mitte zwischen den Figuren von zwei Dienern, von denen der eine ein Buch trug, der andere ein Tuch; alles das war auf das Beste von Gyps gemacht. Das Grab selbst war bei dem Eingange in die Krypta aus vier Steinplatten auf dem Boden aufgesetzt und mit einem Teppich beständig bedeckt."

Die zweite Beschreibung desselben Grabdenkmales, welche bei Gelegenheit der ersten Erhebung des Leichnames gegeben wird, lautet also [46].

„Im Jahre 1134 nach Geburt der Jungfrau, 152 Jahre nach Erbauung des Klosters, in der XII. Indiction, lud Abt Konrad den hochwürdigen Bischof Ulrich von Konstanz, des Namens der Zweite, ein, und öffnete das Grab des seligen Bischofes Gebhard. Er fand dort den theuern Schatz des Leichnames, kostbarer als alle Perlen. Das Grab selbst war sehr sorgfältig verschlossen. Es war nämlich in dem südlichen Theile bei dem Eingange in die Krypta. Zu Haupten von demselben war ein Bild des Gekreuzigten aus Gyps gemacht und ein Altar des hl. Benedict; rechts davon an der Wand das Bild des Bischofs selbst und zu beiden Seiten von ihm die Bilder von Dienern, die ihm gleichsam am Altar dienten; und Säulen und Bogen und Reben und Bilder von Vögeln und andern Thieren sehr schön aus Gyps geformt. Auf der linken Seite aber war eine quer gestellte Tafel aus viereckigen Steinen, ungefähr zwei Palmen über den Fußboden erhöht, und dann noch eine andere höher als die übrigen, und auf dieser ein Holz (hölzerne Platte, Tisch?), das sieben Leuchter trug. Der Stein, welcher auf dem Grabe lag, war unterhalb dieser darüber hervorragenden Steine, von denen ich eben gesprochen habe. Nachdem wir dieselben entfernt hatten, fanden wir den Fußboden aus Stein und Mauerwerk gemacht; nachdem auch dieser weggehoben war, fanden wir wiederum eine Platte vom festesten Steine, an welchem zwei eiserne Reifen waren, mit Blei befestigt. Unter dieser Steinplatte nun fand sich der heilige Leib, noch mit den heiligen Gewändern umhüllt, die zwar großentheils durch das Alter zerstört waren, aber dennoch auf den Gebeinen noch hielten, weil sie keine Hand berührt hatte. Aber als man sie mit der Hand berührte, so fielen sie sogleich zu Staub zusammen, mit Ausnahme der Stola und des obern Theiles des Meßgewandes, welches aus safrangelbem Stoffe war. Davon blieb ein Theil unversehrt."

Wie detaillirt auch diese Beschreibung des Grabmals des Bischofs Gebhard in der Chronik gegeben wird, so ist es doch nicht so leicht, sich eine genaue Vorstellung von dem Denkmale zu machen. Ich habe darüber meinen verehrten Freund Herrn Professor E. Bock zu Rath gezogen, in welchem unser Verein eine bewährte Notabilität in der Geschichte der christlichen Literatur und Kunst zu besitzen so glücklich ist. Seine Bemerkung, welche ich hier folgen lasse, gibt über die Lage des Monumentes sehr erwünschten Aufschluß. Ueber die einzelnen Theile bleiben noch Zweifel übrig, welche überhaupt vielleicht kaum zu lösen sein werden. Herr Prof. Bock bemerkt Folgendes:

„Indem ich es versuche, mir über die Lokalität Rechenschaft zu geben, wo das Grabmal des Bischofs Gebhard II. errichtet war, tritt mir der Bauplan der Klosterkirche von St. Gallen in Erinnerung.

Zu St. Gallen stieg man von dem Mittelschiffe der Kirche zu dem Presbyterium mittelst zweier Treppen hinan; zwischen beiden befand sich ein Zugang zu der überwölbten Krypta, die sich unter dem Presbyterium erstreckte. Außerdem aber vermittelten zwei andere Eingänge, die sich auf beiden Seiten der Treppen befanden, den Zugang zu der Krypta von den Kreuzarmen aus, welche selbstständige Kapellen bildeten. In ganz ähnlicher Weise fasse ich die Anordnung der Abteikirche von Petershausen auf. Es verschlägt nichts, daß diese eine dreischiffige Basilika, wohl ohne vorspringende Kreuzarme, mit einer Haupt- und zwei Seitenapsiden war, wie ich aus der Angabe der Chronik schließe, der Bischof Gebhard sei in der südlichen Apsis bestattet gewesen. Zu der Krypta führte ein Eingang von dem Hauptschiffe aus; zwei andere Eingänge befanden sich an den Seiten der zum Chor hinanführenden Stufen; — unweit des südlichen Zuganges stand in dem anstoßenden Seitenschiffe, etwas östlicher, ein Altar des hl. Benedikt; — in dem Zwischenraume zwischen diesem und dem südlichen Seiteneingang in die Krypta war die Stelle für das bischöfliche Grab beliebt worden.

Zu St. Gallen stieß an die östliche Seite der südlichen Kreuzvorlage (der Andreaskapelle) die Sakristei; an die südliche Seite die Wohnung der Klostergeistlichen. Zu Petershausen vermuthe ich, daß man von dem südlichen Seitenschiffe und zwar von dem oberen Theile aus in die genannten Räume hinüber trat. Die Zugänge befanden sich dem bischöflichen Grabe gegenüber in der Wand des Seitenschiffes. Wenn nämlich berichtet wird, daß rechts, also südwärts, von dem Grabdenkmal eine von fünf Säulen getragene Bogenstellnng errichtet war: so darf man wohl hier nicht bloße Blendarkaden, sondern wirkliche Durchgänge voraussetzen — nämlich zu der Sakristei und den Wohngebäuden der Geistlichen. Durch diese Bogen hatte Gebhard in seinen Lebzeiten sich zum Gottesdienste in das Seitenschiff verfügt, wo nach Zeugniß der Chronik die Frühmesse stattfand. Es war daher ganz passend, daß hier Gebhard in Mitte zweier, die erforberlichen Geräthschaften tragenden Ministranten dargestellt war, zur Begehung des hl. Meßopfers bereit erscheinend. Diese Figuren denke ich mir in Basrelief an dem Thürsturze angebracht, der unter den vier Bogen über die Säulenkapitälen sich hinzog; die Figur des Bischofs über der mittlern Säule."

Mit der von meinem verehrten Freunde angenommenen örtlichen Lage des Grabmonumentes ganz einverstanden, stelle ich mir im Uebrigen dasselbe in folgender Weise vor:

Die Grabstätte (der Sarkophag) und der dabei stehende Altar des hl. Benedictus standen in einer beträchtlich hohen und breiten Nische (Apsis), die in der Mauer angebracht war, oder vielleicht mit Durchbrechung der Mauer als ein Anbau. In der letzteren Art war der Platz für das Grab des hl. Ulrich in der St. Afrakirche zu Augsburg hergerichtet [47]. Die fünf Säulen mit ihren Bogen waren als Blendarkaden von Gyps an der Wand der Apsis angebracht. Ueber der mittlern Säule war ein Crucifix; rechts und links davon der hl. Gregorius und Bischof Gebhard. Daß das Crucifix wenigstens gleichfalls von Gyps war, sagt die Chronik bei der zweiten Beschreibung des Monumentes ausdrücklich. Die Bildnisse des Bischofs Gebhard und des hl. Gregorius waren ebenso, oder vielleicht gemalt. Ueber diesen Figuren waren zwei Kupferplatten angebracht mit dem Epitaphium in goldenen Lettern. Unter den zwei Arkaden rechts von der mittleren Säule war der Bischof in seinem Ornate zu sehen mit zwei Ministranten, wie zu dem Altar gehend. Der eine derselben trägt das Meßbuch, der andere das Altartuch. Denn in jener Zeit pflegte das Altartuch nicht beständig auf dem Altar liegen zu bleiben, sondern es wurde bei jeder Celebration der Messe jedesmal aufgelegt und wieder hinweggenommen [48]. Unter den Arkaden links von der mittlern Säule war, um eine Art Symmetrie mit der rechten Seite zu bilden, eine Vorrichtung oder Darstellung angebracht, deren Beschaffenheit und Sinn nicht so deutlich ist. Wie man aus der oben gegebenen Uebersetzung der Stelle sieht, waren da zwei Erhöhungen, zwei hohe Stufen von Stein übereinander, darauf ein Holz (Balken, Brett?), auf welchem sieben Leuchter standen. Die sieben Leuchter, mag man dabei an die sieben Leuchter in der Apokalypse denken, oder an den siebenarmigen Leuchter im Tempel des alten Bundes, ließen schon eine geeignete symbolische Erklärung zu; aber die Art, wie der doppelte steinerne Sockel und das Holz darauf angebracht waren, macht Schwierigkeiten. Zwischen den Blendarkaden angebracht kann man sich alles dieses nicht wohl denken. Es muß also der doppelte Untersatz von Stein mit den sieben Leuchtern darauf vor diesen Blendarkaden aufgestellt gewesen sein. Oder hat man sich diese Arkaden als wirkliche von der Wand getrennte, freistehende Arkaden zu denken, zwischen welchen und der Wand der Apsis diese sieben Candelaber standen? Die beiden Untersätze aber mit den Candelabern werden wohl in dem einen wie in dem anderen Falle als die Darstellung eines Katafalkes aufzufassen sein. Den Altar zu Ehren des hl. Benedict hat man sich in dieser Apsis oder vor derselben freistehend zu denken, nach der damaligen Einrichtung der Altäre ohne Aufsatz oder Zuthat eines plastischen oder gemalten Bildes, eine einfache Mensa mit einem Reliquienschrein mit Reliquien des Heiligen und zu beiden Seiten neben dem Altare zwei Candelaber stehend. Es wäre auch wohl möglich, daß die sieben Leuchter ein späterer Zusatz zu dem Grabmonumente wären, da sie in der zuerst mitgetheilten Beschreibung desselben gar nicht erwähnt werden.

Die Grabstätte selbst, ein in den Boden gesenkter Steinsarg mit der Leiche, darüber ein der Größe und Gestalt des Steinsarges gleicher Aufbau von Quadersteinen, stand zwischen dem Altare des hl. Benedict und der Wand der Apsis. Auch zu St. Gallen stand so das Grabmal des hl. Gallus zwischen einem Altar und der Wand einer Apsis mit hohem Bogen [49]. Das Grab war immer mit einem Teppich (tapeti) bedeckt. Schon in dem vorchristlichen Rom wurden vornehme Leichen und auch ihre Sarkophage mit kostbaren Teppichen bedeckt. Dieß ging dann auch in den altchristlichen Gebrauch über [50].

Man wird zugeben, daß dieses Grabmonument des Bischofs Gebhard durch seine Ausdehnung und durch die künstlerische Conception an und für sich ein sehr bedeutendes Werk war. In noch höherem Grade wird es aber als ein solches erscheinen, im Vergleich mit dem damaligen Stande der bildenden Künste und mit den damaligen Grabmonumenten auch hoher Persönlichkeiten. In der Regel bestanden alle solche Grabmonumente in einem einfachen Leichensteine mit Inschrift, mit oder ohne Bildniß des Bestatteten [51].

Aehnliche Werke aus Gyps (Stucco) finden wir in der frühromanischen Periode auch in andern Kirchen in Deutschland. Dahin gehören die Stuckreliefs in der Klosterkirche zu Westergröningen bei Halberstadt, Christus und die Apostel darstellend; die großen Reliefs stehender Heiligen an den Wänden der Michaelskirche zu Hildesheim und andere, welche Schnaase zusammenstellt [52].

So viel von dem Hauptaltare der ersten Kirche zu Petershausen und von dem in der Kirche befindlichen Grabmonumente des Bischofs Gebhard II.

Von andern Neben-Altären daselbst außer dem Hauptaltar hat sich, außer dem bei dem Grabmal Gebhards angeführten Altar des hl. Benedict, nur noch die Anführung eines St. Peters-Altars erhalten, wo die Reliquien des hl. Gregor beigesetzt waren, und eines Marien-Altars[53]. Der St. Peters-Altar stand auf der Südseite der Kirche, auf welcher Seite (sagt der Chronist) auch in St. Peter zu Rom das Grabmal des hl. Gregor ist. Es wird nicht näher angegeben, ob der St. Peters-Altar auf der Südseite des Langhauses oder des Querbaues der Kirche war; wahrscheinlich fand letzteres statt. Das Grabmal des hl. Gregor in der alten Peterskirche zu Rom stand ursprünglich in dem Raume vor der an den Porticus an der Südseite der Kirche angebauten großen Sakristei und wurde später in die Kirche selbst versetzt[54]. Wenn die Kirche zu Petershausen auch noch andere Nebenaltäre hatte, so werden es nur ganz wenige gewesen sein: denn die alte Peterskirche hatte um das Jahr 800 gleichfalls erst nur einige wenige[55].

Dasselbe gilt von den Kapellen (Oratorien) der Kirche, worin solche Nebenaltäre waren. Die Kapellen in den alten Basiliken waren entweder in Wandnischen angebracht, oder sie bestanden in einem eigenen halbkreisförmigen Anbau an die durchbrochene Wand; oder sie waren getrennt von der Kirche, wenn auch in deren Nähe. Von Kapellen in dem Innern der ältesten Petershauser Kirche hat sich keine namentliche Erwähnung erhalten. Es wird überhaupt aus der Zeit des Erbauers, des Bischofs Gebhard II., nur eine Kapelle genannt, die schon oben erwähnte Kapelle des hl. Michael, welche noch vor der Kirche selbst gebaut war und dem Gottesdienste der Mönche diente. Eine Anzahl anderer Kapellen werden genannt, wie wir unten sehen werden, unter den Bauherstellungen des Klosters in dem elften und zwölften Jahrhundert, und zwar als eigene von der Kirche getrennte Bauten. Unter diesen Kapellen zu Petershausen sind solche zu Ehren von Heiligen, welche auch in und bei St. Peter in Rom Kapellen hatten, als: St. Michael, St. Maria, St. Johannes der Täufer, St. Andreas[56]; aber außerdem noch andere, wie die Kapellen von St. Jacob, St. Ulrich, St. Fides und St. Martin, die aber alle von der Kirche getrennt als eigene Gebäude errichtet waren, und von denen weiter unten die Rede sein wird.

Nachdem wir das Gebäude der ältesten Kirche zu Petershausen betrachtet haben, wie es von seinem Erbauer, Bischof Gebhard II., nach dem Grundplan und den einzelnen Haupttheilen beschaffen, auch wie es durch Werke der Malerei und Sculptur geschmückt war, wenden wir uns nun zur Betrachtung der Kirchengeräthe aller Art, womit der Erbauer seine Kirche ausstattete. Dahin gehören Glocken, Orgel, Reliquiengehäuse, andere Kirchen-Requisiten und Paramente.

Daß Glocken unter der ersten Ausstattung der Kirche waren, wie sich ohnehin von selbst versteht, wird ausdrücklich angeführt an der schon oben mitgetheilten Stelle der Kloster-Chronik, wo bemerkt wird, daß die Kirche keinen Glockenthurm hatte, sondern die Glocken zwischen vier Säulen aufgehängt waren. Näheres gibt aber die Chronik an erst über die bei der Restauration der Kirche durch Abt Conrad (1134) neu angeschafften Glocken [57], wovon weiter unten die Rede sein wird.

Ob sogleich Anfangs eine Orgel in der Petershauser Kirche war, läßt sich aus keiner urkundlichen Nachricht mit Sicherheit entscheiden. Die Klosterchronik spricht von einer Orgel erst bei Gelegenheit der eben angeführten Restauration der Kirche durch Abt Conrad von Petershausen [58].

Von Reliquiarien, welche schon zur Zeit Gebhards II. in die Kirche kamen, ist zuerst anzuführen eine Capsa, ohne Zweifel von edelm Metall mit Reliquien vom Haupte des hl. Gregorius des Großen. Die Klosterchronik erzählt, daß Bischof Gebhard, als er zu Rom war, um ein päpstliches Privilegium für sein neu gegründetes Kloster zu erhalten, vom Papst Johannes XVI. nicht bloß dieses erhielt, sondern außerdem noch die außerordentliche Gnadenbewilligung, daß er so viel von den irdischen Resten des hl. Papstes Gregor mitnehmen dürfe, als er mit einer Hand fassen könne. Bischof Gebhard nahm bei seiner Rückkehr in die Heimat diese Reliquien mit für die von ihm erbaute Kirche. Der Chronist erzählt über den Befund dieser Reliquien um die Mitte des zwölften Jahrhunderts Folgendes [59]:

„Dieses geliebte Haupt fanden wir in einer Capsa, welche ehemals gewiß sehr fest, jetzt aber durch das Alter und wegen Mangels an Sorgfalt in einem ganz aufgelösten Zustande war. In alten Zeiten stand sie, wie wir hörten, auf dem St. Peters-Altar auf der Südseite der Kirche, in welchem Theile (der St. Peterskirche) auch zu Rom das Grab des hl. Gregorius ist. Jetzt aber war jene Capsa nicht mehr an diesem Platze, sondern von dort weggenommen und auf dem Marien-Altar aufbewahrt. Als wir die Capsa öffneten, fanden wir eine andere rubricirte Kapsel, mit Reliquien von Heiligen angefüllt. Unter diesen fanden wir das theure Haupt des heiligen Papstes Gregorius, aber zu unserm Leidwesen in kleine Stücke zerbröckelt; wie dieses geschah, konnten wir nicht in Erfahrung bringen."

Ein anderes hier anzuführendes Reliquiengehäuse aus der Zeit des Bischofs Gebhard ist eine Capsa mit einem Arm des hl. Apostels Philippus, worüber die Klosterchronik so berichtet [60]:

„Der Kaiser Otto (III.) gab dem Bischof Gebhard eine mit Silber überkleidete Capsa, in welcher ein Arm des hl. Apostels Philippus nebst andern herrlichen (magnificis), vielfachen Reliquien sich befand. Diesen

Arm fand man zur Zeit des Abtes Theodorich (1086—1116) wieder auf, aber in Stücke zerbröckelt. Zur Zeit des Abtes Berthold (1116 bis 1127) wurde der Reliquienschrein von dessen damaligem Kaplan Konrad, dem nachherigen Abte, und von den übrigen Brüdern mit Gold, Silber und Edelsteinen verziert, und in die Basis des Gehäuses wurde das Glied eines Fingers des hl. Papstes Gregorius gelegt. Die Mutter des oben genannten Kaisers Otto war aus Griechenland und hatte, als sie kam, den Arm des hl. Philippus mitgebracht."

Außerdem werden nach dem Geiste der Religiosität der damaligen Zeiten noch eine Menge anderer Reliquien und Reliquienschreine in der Klosterchronik angeführt, welche aber in der Zeit nach Gebhard II. dorthin kamen.

Dieselbe Capsa mit dem Arme des hl. Philippus finden wir auch noch angeführt bei dem großen Brande, der die alte Kirche zerstörte. Die Chronik sagt darüber: „Damals ging der Hauptaltar zu Grund mit allen seinen Zierden. Darunter war auch ein mit Silber bedecktes Heiligthum (Sanctimonium), an dessen obern Theile ein sehr schöner rother Marmor war. Darin wurde der Arm des hl. Apostels Philippus gefunden; und außerdem waren viele andere Reliquien von Heiligen darin enthalten, namentlich des hl. Apollinaris und hl. Aubertus [61]." Auch erfahren wir noch ferner, daß im J. 1164, also mehrere Jahre nach dem großen Brande Abt Conrad den Reliquienschrein mit dem Haupte des hl. Gregorius ausbesserte und daß der Priester Otto den Arm des hl. Philipp (d. i. den Reliquienschrein, in dem der Arm war), wo er zerbrochen war, wieder herstellte [62]. Von welcher Form dieser Reliquienschrein des hl. Philippus war, wird nicht angegeben. Die häufigste Form der Reliquiarien war ein Sarkophag oben mit einem Dache. In diesem Falle wären die beiden Seiten des Daches zwei rothe Marmorplatten gewesen; oder der Schrein war oben einfach mit einer darauf gelegten Marmorplatte geschlossen.

Von andern Kirchenrequisiten und Paramenten führt die Klosterchronik folgende an:

1) **Zwei Kronleuchter.** „Bischof Gebhard hatte zwei silberne Kronleuchter machen und den einen derselben im Chor, den andern in der Vorhalle (vestibulum) aufhängen lassen [63]."

Es ist bekannt, welche Pracht man besonders in den altchristlichen Basiliken und auch noch später in der romanischen und gothischen Periode in solchen Kronleuchtern (corona, pharus) entfaltete. Sie bestehen im Wesentlichen aus einem oder mehreren sich concentrisch verkleinernden Metallreifen mit künstlerischen Verzierungen verschiedener Art. Aus der mit der Petershauser Gründung gleichzeitigen oder kurz darauf folgenden romanischen Kunstperiode haben sich ausgezeichnete Exemplare solcher Kronleuchter zu Hildesheim, Aachen und Komburg in Württemberg erhalten, nach welchen wir uns eine Vorstellung von den Kronleuchtern zu Petershausen machen können.⁶⁴

2) Von Kelchen, deren natürlich eine größere Anzahl vorhanden gewesen sein muß, wird nur einer in der Chronik angeführt, weil er von dem Oheim des Chronisten, dem Petershauser Mönch Gebino, herrührte, welcher auch sonst als Architekt des Klosters bei Bauherstellungen genannt wird. „Gebino," berichtet die Chronik, „fertigte selbst einen silbernen Kelch und schmückte ihn mit Gold und Edelsteinen in schönster Arbeit. Aber als der Goldschmied die Patene zu dem Kelche machen sollte und viele Edelsteine darauf einsetzen wollte, so konnten die Verzierungen von ihm durchaus nicht mit dem Körper der Patene recht zusammengelöthet werden, und blieb das Werk lange unterbrochen. Bei einem einmal eintretenden Drange der Noth wurde dasselbe von Abt Conrad veräußert"⁶⁵.

Die Patenen (Hostien=Teller), welche jetzt in der Regel eine ganz glatte Fläche haben, waren damals oft mit eingegrabenen oder erhobenen Bildwerken verziert. Namentlich war dieß der Fall bei denjenigen Patenen, welche zu den ganz großen Kelchen gehörten, die man in der ältesten Zeit gebrauchte, als die Kommunion unter beiderlei Gestalten ausgetheilt wurde. Gerbert theilt in seiner Vetus Liturgia alemanica die Abbildung einer solchen goldenen Patene mit, aus einer französischen Kirche, welche einen Fuß im Durchmesser hält und mehrere Figuren nebst Inschriften hat⁶⁶.

3) Von Rauchfässern, deren die Kirche ohne Zweifel mehrere hatte, wird gleichfalls von der Chronik nur eines ausdrücklich genannt, weil eine Klostergeschichte daran geknüpft ist, worüber der Chronist also berichtet⁶⁷:

„Zu dem Kloster war ein überaus schönes Rauchfaß von Silber und vergoldetem Kupfer (aurichalcum) auf das Schönste gearbeitet, dessen man sich bei den höhern Festen bediente. Nun geschah es einmal um diese Zeit, daß Einer aus den Mönchen durch teuflische Begierde verlockt, dieses nämliche Rauchfaß stahl am Festtage des hl. Michael nach der Vesper und in dieser Nacht irgendwo versteckte. Später zu einer gelegenen Zeit brach er es in kleine Stücke entzwei. Als man nun beim Morgengottesdienste das Rauchfaß suchte, um die Altäre nach der Sitte zu beräuchern, und dasselbe nicht fand: da war der Custos Heribert darüber sehr erschrocken; er suchte, wo er nur konnte, fand aber nichts. Nun hatte man einen gewissen Mann von Konstanz, Wolverad mit Namen, an jenem

Abend spät in der Nähe der Sakristei gehen gesehen. Ihn klagte man deßwegen des Diebstahls an. Er läugnete die That, trug das glühende Eisen und zeigte sich als unschuldig; doch fühlte er sehr das Brennen auf der Hand. So wurde denn der ganzen Klostergenossenschaft verkündet, sie hätten sich bereit zu halten, daß Jeder sich vor Gericht als unschuldig des Diebstahls beweise. Alle waren darob in großer Angst und bereiteten sich zur Urtheilsprobe vor. Und weil der Diebstahl am St. Michaelsfest begangen worden war, in dessen Octave der Tag der heiligen Martyrin und Jungfrau Fides gefeiert wird, so gelobte die ganze Klostergenossenschaft, diesen Festtag mit einem Hochamt zu begehen, damit Gott auf Fürbitte der heiligen Fides den Urheber des Diebstahles offenbare. Zu demselben Zwecke wurde sieben Tage lang die Messe vom hl. Geist wiederholt gehalten, wie am Pfingstfest. Gott befreite nach nicht langem Verzug seine im Herzen zerknirschten Diener aus diesen Nöthen. Eines Tages nämlich saß ein gewisser Priester Hermann nach dem Mittagessen, um sich zu wärmen, an dem Feuer in dem Gemache, wo die Brüder sich schröpfen ließen; und siehe da! plötzlich erblickte er einen Theil jenes Rauchfasses aus dem Boden hervorblinken, was er aufhob und allen Brüdern zeigte. Er war es auch gerade, der zuerst den Rath gegeben hatte, die hl. Fides anzurufen. Kurz er selbst wurde als Urheber des Verbrechens ergriffen und in Untersuchung genommen. So verstockt war aber sein Herz, daß er, obgleich er seine Schuld eingestanden hatte, dennoch nur einen Theil des Metalles wieder zustellte, einen andern Theil auf's Neue zurückhielt, bis er endlich mit Mühe von seinem Bruder und von anderen Personen dahin gebracht wurde, Alles wieder zurück zu geben."

4) Allerlei Geräthe und Paramente, die zur ersten Ausstattung der Kirche gehörten, werden von dem Chronisten bei einer gewissen Veranlassung angeführt. Er erzählt nämlich, daß Kaiser Heinrich II., der Nachfolger Otto's, als er das Bisthum Bamberg gründete, überall her Alles zusammen zu bringen suchte, was den Reichthum und den Schmuck der von ihm gegründeten bischöflichen Kirche vermehren könnte. So habe er denn den damaligen Bischof Lambert von Konstanz gleichfalls gebeten, auch er möge gleich den übrigen Bischöfen ihm Etwas zur Aussteuer seiner Kirche zukommen lassen. Bischof Lambert habe darauf aus übergroßer, schuldhafter Gefälligkeit, vieles aus dem Kirchenschatze zu Petershausen, mehr mit Gewalt als mit Recht, weggenommen und dem Kaiser geschenkt. Dann fährt er also fort [66]:

„Das sind die Gegenstände aus dem Schatze des Bischofs Gebhard heiligen Andenkens, welche derselbe der von ihm zu Ehren des hl. Gregor erbauten Kirche gegeben hatte, und welche sein Nachfolger Lambert ihr entzog, als: ein Waschbecken mit Gold verziert; zwei silberne Kämme; zwei andere silberne Näpfe; eine silberne Schüssel (scutella); zwei silberne Löffel; zwei silberne Leuchter; im Ganzen zusammen 28 Pfund Silber an Gewicht; ferner: zwei Hängeteppiche (dorsalia); zwei Kämme; ein Kamm aus Elfenbein und Gold; sieben Altartücher (mensalia); ein Handtuch (mantele); ein kleiner Teppich (tapetiolum); eine silberne Schale (sciphus); eine goldgestickte Stola; eine Manipel (mappula) von derselben Arbeit. Den herabhängenden Theil (praependiculum) derselben beseitigte heimlich und versteckte einer der Mönche. Es ist daher noch hier vorhanden und von kostbarer Arbeit."

Ueber die hier genannten Paramente geben wir in einer Anmerkung [69] zu dieser Stelle nähere Nachweisungen, auf welche wir verweisen. Hier darüber nur so viel: Mehrere von den hier genannten Geräthen und Paramenten, welche Bischof Lambert auf ungerechte Kosten dem Kaiser verehrte, scheinen auf den ersten Anblick dazu nicht werthvoll genug zu sein, wie die mensalia und das mantele. Aber hier entschied die Kunst der Leinwandweberei; es werden dieses Gebilde von besonders ausgezeichneter Arbeit gewesen sein. Solches Leinwandgebilde wurde aber vorzugsweise in der Gegend von Konstanz schon damals fabrizirt und bildete einen bedeutenden Gegenstand des Handels, wie an einem anderen Orte (dem Leben Bischof Gebhards III.) von mir nachgewiesen worden ist (Archiv I. 343.). Ebenso werden auch unter Geschenken, welche Bischof Adalbero von Augsburg der Abtei zu St. Gallen macht (i. J. 908), genannt: Handtücher (mantele) und Kämme, neben sehr kostbaren Gegenständen. Im Uebrigen sind die hier genannten Gegenstände meistens solche, welche auch jetzt noch zu der kirchlichen Garderobe gehören. Nur über zwei derselben, die Kämme und die Dorsalien, wird etwas hier zu bemerken sein. Die Kämme, namentlich solche, die durch den Stoff oder die künstliche Arbeit sich auszeichnen, kommen in den Kirchen-Inventarien des Mittelalters häufig vor. Die Mönche und überhaupt die functionirenden Priester, welche zu Hause für sich keine sorgfältige Toilette gemacht haben mögen, brauchten solche Kämme, um in der Sakristei, ehe sie an den Altar gingen, Haupt- und Barthaar in Ordnung zu bringen. Die Dorsalia waren eigentlich Draperien von Seide oder künstlich gewobenen und mit der Nadel gestickten Stoffen, welche am Rücken der Bischofsstühle, sowie bei den Sitzen anderer vornehmen Personen an der Wand angebracht waren. Man sieht dergleichen häufig auf bischöflichen Siegeln, welche den Bischof sitzend darstellen. Ebenso ist der hinter fürstlichen Wappen sichtbare sogenannte Wappenmantel ein solches Dorsale. Dann werden aber mit demselben Namen auch überhaupt Wandteppiche bezeichnet, mit denen man an Festtagen den Chor auszierte und bei welchen oft große Pracht entfaltet wurde.

Viertes Kapitel.

Bauherstellungen und Bauveränderungen in der Zeit zwischen dem Tode Gebhards II. (996) und dem großen Brande (1159).

Wir haben bisher von der Anlage, den Haupttheilen und der Ausstattung der ältesten Kirche zu Petershausen, dem Werke Bischof Gebhards II., gehandelt. Nun haben wir zunächst zu betrachten, was die Petershauser Klosterchronik über die Bauveränderungen und Bauherstellungen dieser Kirche berichtet in der Zeit zwischen Bischof Gebhards II. Tod (996) und dem großen Brand (1159), welcher einen Neubau des Klosters und der Kirche nöthig machte. Aus dieser Periode haben sich folgende Notizen erhalten, welche wir nicht durchaus in strenger chronologischer Ordnung, sondern nach der Reihenfolge, in welcher die Chronik sie gibt, hier mittheilen.

„Um die Zeit als Romuald (Romolb) der bischöflichen Kirche von Konstanz vorstand (1051—1069), erbauten ein Edler von Wilare und seine Frau Gotistin eine Kapelle auf dem Kirchhof des Klosters zu Ehren des hl. Johannes des Täufers, des heiligen Nikolaus und anderer Heiligen. Er gab dazu als Dotation die Orte Obilshusin (Oggelshausen bei Buchau) und Judintunberg (Judentenburg bei Burgweiler in Sigmaringen), und setzte einen eigenen Priester für die Kapelle. Dort liegen auch beide, der Stifter und seine Ehegattin, bei dem Altare begraben, in zwei besonderen Grabstätten, die eine rechts, die andere links vom Altar an der Wand [70]."

Obgleich man wird annehmen müssen, daß der Kirchhof bei der Kirche war, so deutet doch nichts darauf hin, daß die hier genannte Kapelle ein Anbau derselben war; sie war eine abgesonderte, frei stehende Kapelle.

Zu dieser St. Johannes-Kapelle kam bald darauf eine zweite von St. Jacob:

„Sigfrid, der Sohn Wolferabs, fügte zu den Zeiten des Bischofs Otto von Konstanz (1071—1080) ein Oratorium des heiligen Apostels Jacob zu dieser Kapelle hinzu und vergabte demselben die Orte Bozze, Gisilmarisruti, Swabirichshusin (Boos bei Saulgau; Geiselmachar in demselben Oberamt; Schwäblishausen bei Pfullendorf). In demselben Oratorium errichtete er für sich eine Grabstätte. Als er aber von einer Reise nach Rom zurückkehrte, starb er bei Chavine (Chiavenna) und wurde dort begraben. Derselbe Sigfrid liebte unser Kloster gar sehr, besuchte dasselbe oft und blieb daselbst. Als er nun einmal nach der Morgenvigil aus der Kirche gehen wollte, so fiel er in der Dunkelheit der Nacht die Treppen herunter, auf denen man von dem Eingang der Kirche aus in das Kloster hinabstieg; jetzt sind dieselben etwas weiter von dem Eingang entfernt, was durch meinen Oheim Gebino geschah. Sogleich nach diesem Unfall machte Sigfrid eine Schenkung mit einem Landgut bei Maginboch (Magenbuch bei Pfullendorf), unter der Bedingung, daß jede Nacht von der Morgenvigil an beständig ein Licht vor dem Eingang zur Kirche brenne [71]."

So wie die eben genannten beiden Edeln aus der Seegegend eigene Kapellen stifteten, um dort nach ihrem Tode zu ruhen, so machten viele Vornehmen des Landes Stiftungen, um in der Kirche der Abtei Grabstätten zu erhalten. Die Chronik nennt an einer Stelle mehrere derselben. Da diese Gräber zu den Monumenten der zu beschreibenden Kirche gehören, so glauben wir diese Stelle hier mittheilen zu sollen, und zwar ohne die Erzählung wegzulassen, welche von einem jener hier bestatteten Edeln, einem Grafen Gero von Pfullendorf, bei dieser Gelegenheit von dem Chronisten beigefügt wird. Dieser berichtet nämlich also [72]:

„In diesen Zeiten (zur Zeit des Abtes Meinrad und Lutold in der zweiten Hälfte des elften Jahrhunderts) hatten viele Vornehme (proceres) besondere Freundschaft für das Kloster und liebten es, dort ihre Grabstätten zu haben. Darunter war Eberhard, Graf von Bobmann (? Comes de Potamo), welcher sein Gut Hedewanc (Herdwangen bei Pfullendorf) an das Kloster vergabte und in der Basilica zu Petershausen vor dem Kreuze mit dem Heiland ruht. Ferner ruht im Kloster Ulrich, der ältere Graf von Bregenz, welcher Biginhusin (vielleicht Bigginmoos bei Tannau) schenkte. Auch Gero, Graf von Pfullendorf, welcher ein kleines Landgut bei Adelberinwilare (Alberweiler bei Tannau) dem Kloster schenkte, liegt vor dem Eingang der Kirche begraben. Von ihm wurde uns von älteren Leuten eine wunderbare Begebenheit erzählt. Als seine Mutter mit ihm schwanger ging und schon ihrer Entbindung nahe war, fuhr sie zu Schiff, ich weiß nicht durch welchen Grund dazu gebracht, nach Konstanz. Als man nun an den Ort am Ufer kam, welcher Eichhorn heißt (eine Landspitze bei Petershausen, welche jetzt noch das Horn heißt), so stellten sich bei ihr die Kindeswehen ein. Weil dieß ganz unvermuthet kam und auch dort keine Wohnung am Ufer war, wo man einkehren konnte, so umringten sie ihre Dienerinnen und bildeten so einen abgeschlossenen, verborgenen Raum. Dort gebar sie einen Sohn, den oben genannten Gero. Viele Jahre nachher, zur Zeit des Abtes Theodorich, als Gero dem Tode nahe war, und sein Ende herannahen sah, versprach er, sich in den Gehorsam des genannten Abtes zu begeben und ließ sich zu Schiff nach dem Kloster Petershausen fahren. Als er nun an die Stelle im See kam, wo er geboren war, wie oben berichtet worden ist und wie die Personen, welche bei beiden Ereignissen gegenwärtig waren, genau bemerken konnten, so starb er an derselben Stelle, und wurde, wie gesagt, in dem Kloster vor der Kirche begraben.

„Auch Eppo von Heiligenberg und seine Ehefrau Tota, bei dem Altar St. Peter begraben, liegen in derselben Kirche. Ihre Bildnisse sind oberhalb des Altares an der Wand gemalt. Dem Bildniß des Mannes sind Verse beigeschrieben, sowie dem Bildnisse der Frau [73]. Neben daran steht auf derselben Wand eine Grabschrift auf Hermann von Hirzisegga und seine Frau Perchteraba. Auf der anderen Seite der Kirche bei dem Altar St. Stephan liegen vier edle Männer, welche zusammen getödtet worden sind, nämlich: Wernher, Burchard, Hermann und Wolfarn."

Als Gebhard III., aus dem Geschlechte der Zähringer, auf den bischöflichen Stuhl von Konstanz gelangt war, trat er, wie überhaupt in der Führung seines Oberhirtenamtes, so namentlich in Beziehung auf das Kloster Petershausen, die Stiftung eines seiner Vorgänger gleichen Namens wie er, als kirchlicher Reformator auf, da der Zustand der Disciplin und des geistigen Lebens daselbst ihn nicht befriedigte. Er berief (1086) als Abt dahin einen Ordensmann, Theodorich, den Sohn eines Grafen von Dillingen, aus dem damals unter dem Abt Wilhelm dem Seligen in der höchsten Blüthe stehenden Kloster Hirschau [74]. Dieser in jeder Beziehung ausgezeichnete Mann begründete für Petershausen eine neue Periode in dem ganzen dortigen Leben. Auch dem Bauwesen scheint Abt Theodorich eine besondere Aufmerksamkeit zugewendet zu haben: Die Petershauser Chronik berichtet darüber Folgendes [75]:

„Da der Chor der Kirche kurz war, weil die Stufen, auf welchen man zu dem Heiligthume (sanctuarium) stieg, den Raum einnahmen, so verminderte er die Zahl der Steine und vermehrte die Zahl der Sänger; er entfernte die Steine und brachte statt ihrer Menschen auf diesen Platz. Er machte nämlich den Chor fast ebenso groß als das Sanctuarium, indem er letzteres nur um eine Stufe erhöhte. Er erweiterte dadurch für die im Chore Stehenden den Raum und brachte somit in Erfüllung dasjenige, was die Schrift in der Person Israels auch für den Herrn der Kirche sagt: „weil der Raum mir eng ist und der Herr mich gesegnet hat, so gib mir weite Räume zum Bleiben."

Außer der Erweiterung des Chors werden dem Abt Theodorich noch mehrfache andere Bauherstellungen zugeschrieben. Die Petershauser Chronik berichtet darüber wie folgt [16]:

„Von den Steintreppen, die er aus dem Chor entfernte, machte er bei andern Baulichkeiten Gebrauch. Er stellte nämlich ein Waschhaus her, wozu er einen Theil jener Steine verwendete, und einen Capitelssaal, und er renovirte ringsherum das Kloster. Auch umschloß er den ganzen Umfang des Klosters mit einer Mauer, und baute einen Porticus über den Gräbern der Aebte seiner Vorgänger. Alle diese Bauherstellungen und die anderen nachher noch zu erwähnenden bestritt er nicht aus dem Vermögen des Klosters, sondern aus Schenkungen der Gläubigen, weil wegen des wohlgeordneten Lebens, das durch ihn an diesem Orte aufkam, Alle ihn ehrten und liebten und Mehrere ihre Person und ihr Eigenthum ihm übergaben.

„Im Jahre der Menschwerdung 1092 baute der ehrwürdige Abt Theodorich eine Kapelle an der südlichen Seite der Basilika, oben bei dem Sanctuarium, welche er zu Ehren des hl. Bischofs Ulrich, des hl. Nikolaus, der hl. Afra, des hl. Johannes und Paulus den 10. Juli einweihen ließ.

Im folgenden Jahre, 1093, I. Indiction, baute er eine Kapelle an der nördlichen Seite des Chors und ließ sie den 9. September einweihen zu Ehren der hl. Maria, der Mutter Gottes und anderer Heiligen, deren Reliquien dort aufbewahrt werden. Zu dieser Kapelle begibt sich der Convent täglich nach der Vesper und der Matutin und singt dort nach dem Canticum, der Antiphon und der Oration der hl. Jungfrau die Vesper und Matutin von allen Heiligen und für die Abgestorbenen.

In dem J. 1094, II. Indiction, renovirte und vergrößerte der Abt Theodorich die Kapelle des hl. Michael: denn diese Kapelle war sehr klein, so daß sie kaum zwölf Menschen faßte. Sie steht neben dem Krankenzimmer (infirmaria), zwischen welchem und der genannten Kapelle ein kleiner Anbau (aedicula) ist, in welchem gleichfalls meistens Kranke lagen. Diesen Anbau riß der Abt nieder und fügte den Raum der Kapelle hinzu. Auch setzte er daselbst einen neuen Altar und ließ denselben von dem ehrwürdigen Bischof Gebhard, dem dritten dieses Namens, der auch die oben genannten Kapellen eingeweiht hatte, einweihen den 7. Juli zu Ehren des Herrn und des hl. Kreuzes, insbesondere auch noch zur Ehre der hl. Maria, der Mutter des Herrn, des hl. Erzengels Michael und aller Heiligen.

„Auch die St. Andreas-Kapelle vergrößerte Abt Theodorich und wies die damit verbundenen Baulichkeiten, welche früher den Aebten zur Wohnung dienten, den Bärtlingen (fratres barbati, Klosterbrüdern) als Wohnung zu. Diese Kapelle selbst war aber sehr klein. Vor ihr war gegen das Kloster zu gerichtet ein Raum mit Schranken (cancelli). Diese Schranken ließ er gegen das Kloster zumauern und fügte diesen Raum der Kapelle hinzu, welche er dadurch zweckmäßig vergrößerte."

Die beiden an dieser Stelle zuerst genannten Kapellen (St. Nikolaus und St. Maria) hat man sich als große Nischen (Apsiden) an der südlichen und nördlichen Seite des im Westen der Basilika befindlichen Chores zu denken; wie man deren auch in anderen Basilika-Kirchen der romanischen Periode findet.

Ob die hier genannte St. Michael-Kapelle mit dem Oratorium des hl. Michael identisch war, welches nach einer oben angegebenen Notiz vor dem Bau der Basilika errichtet war, ist nicht genau ersichtlich. Beide Kapellen aber, diese St. Michaels-Kapelle und die nachher genannte St. Andreas-Kapelle, wird man sich nicht als mit der Basilika in baulichem Zusammenhang stehend zu denken haben. Und zwar bildeten beide eine Doppelkapelle, wovon die St. Andreas-Kapelle die obere war, wie man durch eine Notiz an einer anderen Stelle der Chronik weiß [77].

Eine Epoche in der Geschichte des Bauwesens von Petershausen macht der zweite Nachfolger des Abtes Theodorich, der Abt Konrad (1128 bis 1164). Derselbe nahm nicht bloß in Petershausen selbst vielfache Renovationen und Neubauten vor, sondern baute auch an mehreren anderen Orten, welche zu dem Besitzthum seines Klosters gehörten, Kirchen und Kapellen, als zu Eichstetten, Epfendorf, Oberwangen, Wümmenhausen, Neuheim und Rinhard [78].

Die verschiedenen Bauherstellungen des Abtes Konrad zu Petershausen, welche die Klosterchronik an verschiedenen Stellen zerstreut angibt, wollen wir in folgender Ordnung hier zusammenstellen: Bauwesen der Basilika, der Kapellen, der übrigen Klostergebäude. Die zunächst anzuführenden Bauherstellungen scheinen durch die erste Translation der Leiche des hl. Gebhard veranlaßt worden zu sein. Man wollte wohl zu dieser Feier die Kirche möglichst gut herrichten. Nachdem der Chronist den Beschluß, diese Translation vorzunehmen, berichtet hat, fährt er unmittelbar darauf also fort:

„Als die Basilika sowohl aus Alter als wegen Mangelhaftigkeit der Fundamente allenthalben durch Risse und Sprünge den Einsturz drohte, so unternahm der ehrwürdige Abt Konrad auf Zuspruch Hugo's, Canonikers der Konstanzer Kirche, sie zu renoviren. Aus dem Giebel derselben, welcher sich auf der westlichen Seite in einer Spitze endet, hatte die Gewalt der Sturmwetter allen Mörtel abgelöst und die davon entblößten Mauersteine zeigten diesen ganzen Theil des Baues häßlich und abscheulich in seiner Schwärze. Diesen Theil fing Abt Konrad daher zuerst an zu renoviren. Er machte dort eine größere Fensteröffnung, in welche der Glaser Wernher, ein Diener des Klosters, ein gläsernes Fenster von seiner Arbeit einsetzte. Oberhalb aber machte er in derselben Wand noch zwei andere Fenster von beiden Seiten, wo früher nur zwei ganz kleine runde Fenster waren. Die Risse und Höhlungen in der Mauer verstrich er mit frischem Mörtel. Die Wandmalereien, welchen das Alter alle Schönheit genommen hatte, löschte er aus und überstrich sie gänzlich mit weißer Tünche. Auch beseitigte er den alten Altar, welcher klein und hohl war, ohne Etwas von heiligen Reliquien nach kirchlichem Brauche in sich zu schließen, sondern einfach nur aus fünf viereckigen Steinplatten zusammengefügt war. Er baute dann selbst einen neuen, größeren und höheren Hauptaltar [79]."

Daß Glasfenster von bunten Glasscheiben zusammengesetzt am Ende des zehnten Jahrhunderts in Deutschland vorkommen, ist oben schon bemerkt worden. Hier finden wir, daß in der Mitte des zwölften Jahrhunderts das Kloster Petershausen seinen eigenen Glaskünstler für die Fertigung solcher farbigen Glasscheiben hatte. Denn so müssen wir uns wohl die von dem Glaskünstler Werner gefertigten Kirchenfenster denken. Wären sie mit Figuren versehen, wären es wirkliche Glasgemälde gewesen, so hätte die Klosterchronik es wohl ohne Zweifel hervorgehoben. Der Zeit nach hätte man schon wirkliche Glasgemälde damals in Petershausen haben können. Denn die ältesten an dem Dom zu Augsburg vorhandenen fünf Glasfenster mit Figuren werden in die Mitte des elften Jahrhunderts gesetzt [80].

Der neue Hochaltar war wohl ein massiv gemauerter Altar mit einem Sepulcrum, wie wir sie jetzt haben, wie man sie aber zur Zeit der ersten Erbauung der Petershauser Kirche noch nicht hatte, worauf schon weiter oben aufmerksam gemacht worden ist.

Von anderen Herstellungen in der Basilika bei dieser Gelegenheit ist dann noch die neue Herstellung des Grabmals des hl. Gebhard, des Erbauers der Basilika, anzuführen. Wie dieses beschaffen war und aus welchen Theilen es bestand, haben wir oben schon angegeben. Ueber die neue Herrichtung desselben ist hier aus der Chronik Folgendes anzuführen [81]:

„Der Abt Konrad machte ein sehr schönes Grab von viereckigen

Steinplatten und auf demselben einen neuen Altar, eine Oeffnung (ostium) und Stufen, auf welchen man zu dem Altar und Chor geht."

Wir verstehen unter dem „neuen Grab" den unteren Theil mit der Mensa des Altares, in dessen inneren hohlen Raum der Sarkophag gestellt wurde, welchen man durch eine vorn angebrachte Oeffnung (ostium) sehen und nöthigenfalls herausnehmen konnte. Die Stufen zu diesem neuen Altare, welcher wohl höher gestellt wurde als der alte, erklären sich von selbst. Die Stufen auf den Chor müssen einem eigenen Seitenaufgang auf den Chor angehören, um von dem Grabmale aus, welches an der südlichen Seitenwand der Basilika angebracht war, unmittelbar dahin zu gelangen.

Daß die irdischen Reste des Heiligen in einen anderen, neuen Sarkophag gelegt wurden, den man in einer feierlichen Procession vor der Beisetzung um die Kirche herumtrug, wird bei der Beschreibung der Translation ausdrücklich angeführt.

Der neue Altar auf dem Grabe des Heiligen wurde den 27. August 1134 (an dem Festtage des Heiligen) von Bischof Ulrich von Konstanz eingeweiht zu Ehren unseres Herrn Jesus Christus, des heiligen Kreuzes, der hl. Maria, Mutter Gottes, des hl. Gebhard, des hl. Benedict und anderer Heiligen, von denen sich Reliquien in dem Altar befanden und welche der Chronist der Reihe nach, wie bei allen solchen Altarbeschreibungen, vollständig aufzählt.

Wegen der oben angeführten Bauherstellungen an dem Gebäude der Basilika selbst hielt man, wie es scheint, eine neue Einweihung derselben für nöthig, welche am folgenden Tage nach der Translationsfeier auch wirklich vorgenommen wurde [82].

Kurz nach dieser neuen Kircheneinweihung wurden neue Glocken angeschafft und ein Glockenthurm der Kirche errichtet, worüber die Klosterchronik also berichtet [83]:

„Nach diesem ließ Abt Konrad eine sehr ansehnliche Glocke gießen, desgleichen Heribert, der Custos der Kirche, eine zweite, und auch ich eine kleine für St. Johannes. Die Glocken wurden mit dem heiligen Taufwasser übergossen und mit dem hl. Oele gesalbt; eine wurde genannt Osanna, die andere Alleluja, die dritte Benedicta. Dann errichtete er ein Glockenhaus über der Kirche, da früher die Glocken zwischen vier Säulen neben der Kirche aufgehängt wären."

Wie und wo der Glockenthurm angebracht wurde, gibt der Chronist mit einem Ausdrucke an, wornach man zunächst an einen sog. Dachreiter denken sollte (fecit domum campanarum super ecclesiam). Aber das ist nicht wohl zulässig, schon deßwegen, weil ein solcher Dachreiter mit Glocken, wenn auch sonst solche Thürme in jener Zeit vorkommen sollten, nicht erklären würde, woher der bis zu dem Abbruch der Petershauser Kirche neben derselben stehende, ganz alterthümliche Thurm kommen sollte, da sonst in der Chronik von einem anderen Thurmbau nicht die Rede ist. Dieser Thurm, wie man aus der weiter unten folgenden Abbildung ersieht, war von bedeutender Höhe, viereckig, mit zwei staffelförmigen Giebeln und überhaupt so gebaut, daß er sehr wohl in das zwölfte Jahrhundert gesetzt werden kann. Der Chronist muß daher, wenn die Stelle kritisch richtig ist, super ecclesiam in dem Sinne genommen haben: „über die Kirche hinaus", in einiger Entfernung von der Kirche. In diesem Sinne kommt die Präposition super auch in dem classischen Latein vor [84].

Einige Jahre nachher (1136) wird eine neue Einweihung des Altars St. Peter in der Basilika gemeldet [85].

Etwa zehn Jahre später werden weitere Bauherstellungen unter Abt Konrad angeführt:

„Im Jahre 1147 nach der Menschwerdung des Herrn renovirte Abt Konrad Theile der Kirche; auch renovirte er die Kapelle St. Ulrich, vergrößerte sie und schmückte sie mit trefflichen Gemälden aus. Bischof Hermann von Konstanz weihte sie ein den 22. December zu Ehren des hl. Bischofs Ulrich, der hl. Afra, des hl. Kreuzes und der hl. Maria [86]."

Die St. Ulrich-Kapelle ist dieselbe, welche schon weiter oben als von Abt Theodorich gebaut angeführt wurde.

Um diese Zeit oder etwas früher ließ Konrad die Vorhalle (porticus) vor der Basilika neu bauen und ausmalen. Bei Gelegenheit dieser Notiz erfuhren wir außerdem noch, daß man in einer Zeit der Noth die Silberbedeckung der vier Säulen des Ciboriums wegzunehmen und zu veräußern sich gezwungen sah. Andererseits wurde um diese Zeit eine sehr große und gute Glocke angeschafft [87].

Nun sind noch einige von der Hauptkirche abgesonderte, aber im Bereich des Klosters liegende Kapellen anzuführen, bei welchen Abt Konrad gleich im Anfange seiner Amtsführung Bauherstellungen vornahm. Konrad baute nämlich eine Doppelkapelle in zwei Stockwerken, die untere zu Ehren der hl. Fides, die obere zu Ehren des hl. Martinus. Außerdem ließ er die Kapelle des hl. Johannes des Täufers renoviren. Darüber berichtet die Klosterchronik also [88]:

„Bischof Ulrich II. von Konstanz überließ dem Abt Konrad die Decken (laquearia) zweier Kapellen. Eine derselben verwendete der Abt für seine Kapelle, die andere ließ er in der Kapelle des hl. Johannes des Täufers anbringen. Konrad hatte nämlich zwei Kapellen, die eine über der andern gebaut.

„Im J. 1129 der Menschwerdung, den 28. October, wurde die obere dieser beiden Kapellen eingeweiht, welche Abt Konrad gebaut hatte, zu Ehren des hl. Martin, des hl. Oswald und der anderen Heiligen, deren Reliquien daselbst sind.

„Im Jahre 1134, den 22. November, wurde die untere Kapelle von dem ehrwürdigen Bischof Ulrich II. geweiht zu Ehren der hl. Fides, der hl. Maria Magdalene und der anderen Heiligen, deren Reliquien daselbst sind."

Die beiden Decken (laquearia, Holztafelwerk mit Verzierung, von welcher Art, wie oben bemerkt, auch die flache Decke der Basilika war) wurden für Bischof Heinrich II. wahrscheinlich dadurch disponibel, weil er (wie an derselben Stelle erzählt wird) aus Furcht vor dem Grafen Rudolph von Bregenz, das von seinem Vorfahr Ulrich I. gebaute Kastell demolirte, worin zwei Kapellen mit solchen Decken sich befunden haben mögen.

Doppelkapellen, mit einer unteren und oberen Kapelle, waren in jener Zeit nicht selten. Dahin gehört z. B. die Doppelkapelle in der Burg zu Nürnberg, gleichfalls wie die zu Petershausen um die Mitte des zwölften Jahrhunderts gebaut u. a. Besonders fand man solche Doppelkapellen in Burgen, wo der obere Theil von der Familie des Burgherrn, der untere, durch eine Oeffnung in der Decke mit der oberen Kapelle in Verbindung, von den Dienstleuten bei dem gemeinschaftlichen Gottesdienst besucht wurde. Auch in dem Dome zu Konstanz ist eine Doppelkapelle: über der Margarethen-Kapelle mit dem Grabmal Bischofs Otto III. ist eine mit der ehemaligen bischöflichen Pfalz neben dem Dom in Verbindung stehende zweite Kapelle. Diese Kapelle, zum besonderen Gebrauch des Bischofs, hatte eine Fensteröffnung nach dem Hauptaltar und nach dem Chor [89].

Von der oben angeführten Kapelle St. Johann des Täufers berichtet an derselben Stelle die Klosterchronik:

„Im Jahre 1129 ist die Kapelle St. Johann des Täufers von meinem Oheim Gebino renovirt worden, mit Hinzufügung des Oratoriums des hl. Apostels Jacobus. Letzterer hatte früher einen eigenen Altar; diesen beseitigte Gebino und vereinigte beide Oratorien zu einem. Auch erhielt er eine Decke, welche die Geschichte des hl. Johannes des Täufers vorstellt, von dem Abte Konrad und brachte dieselbe in jener Kapelle an. Die Kapelle wurde von Bischof Ulrich II. geweiht den 21. August zu Ehren des hl. Johannes des Täufers, des hl. Evangelisten Johannes, dessen Bruders des hl. Jacobus, des hl. Philippus, des hl. Nicolaus."

Hier sehen wir also die früher schon angegebene Verwendung des von dem Bischof geschenkten Holzgetäfels bestätigt, und zugleich, daß es bemalt war, also wohl nicht bloß vergoldet und gefärbt, sondern mit bildlichen Darstellungen versehen; so wie wir dieses von der St. Ulrichs=kirche zu Augsburg wissen und noch jetzt in der Michaelskirche zu Hildes=heim sehen [90].

Von anderen Bauherstellungen außer an der Basilika und von Ka=pellen werden dem Abt Konrad noch folgende zugeschrieben:

„Gleich nach seiner Erhebung fing er an für sich und seine Nach=folger ein neues Wohngebäude zu bauen. Nachdem er lange Zeit alle Mühe darauf gewendet hatte, gelang es ihm, dasselbe zu vollenden [91]."

Unter demselben Abte „renovirte Gebino (der oben genannte Oheim des Chronisten) das Klostergebäude, und errichtete an zwei Seiten des=selben Säulen mit ihren Postamenten (cum suppositionibus earum) aus Quadersteinen" [92]. Unter den „Säulen an beiden Seiten des Klo=stergebäudes" werden Säulengänge (Colonnaden) zu verstehen sein. Es werden darunter wohl zwei Seiten des Kreuzganges zu verstehen sein.

Wenn Abt Konrad mit diesen Bauten bei einem Theile seiner Um=gebung Beifall fand, sowie wir auch jetzt noch ihm Anerkennung dafür gewähren werden, so war doch ein anderer Theil seiner Klostergenossen=schaft damit nicht zufrieden und sah in der Baulust seines Abtes einen für das Kloster nachtheiligen Luxus, außerdem daß er bei einzelnen Fällen seiner Bauthätigkeit noch besonderen Stoff zum Tadel fand. Ein Nach=klang solcher Stimmen findet sich von dem Fortsetzer der Arbeit des ersten Chronisten der Klosterchronik aufgezeichnet an folgender Stelle:

„Sobald Konrad zum Abt aufgestellt worden war, so baute er sich gegen den Willen Aller prächtige Wohnräume, obgleich wir damals und überhaupt meistens in großem Mangel lebten. Auch machte er unser Refectorium dunkel, weil er die zwei Hauptfenster über dem Tisch zu=mauern ließ. Seinen Abtritt ließ er neben dem Refectorium anbringen. Der Vorhof (atrium) war mit vielen großen, fruchttragenden Bäumen besetzt: er ließ sie alle abhauen. Er verkaufte einen guten Hof bei Eilin=gen, die besten Reben bei Alospach, Güter bei Heiggo und Snetzinhusin, auch Totrinhusen, Triboltingin und Asiheim; er beraubte die goldene Tafel des Altars ihres Goldes, das Ciborium seines Silbers, er ver=äußerte Kelche und viele Handschriften."

Gegen diese Anklagen nimmt ihn der Chronist in Schutz, indem er dagegen aufzählt, was Konrad für den Kirchenbau zu Petershausen und auswärts an anderen Orten, sowie auch für die Fertigung von Codices und die Anschaffung von Paramenten gethan habe [93].

Das ist es, was wir von dem Bau des ersten von Gebhard II. ge=

gründeten Klosters zu Petershausen und von dessen Bauherstellungen in der ersten Periode vor dem großen Brande wissen. Wir haben uns demnach das Ganze als eine große, zusammengesetzte Anlage vorzustellen, wenn auch nicht so groß, aber doch ähnlich wie die Abtei St. Gallen nach ihrem Zustande im neunten Jahrhundert, also in dem der Gründung Petershausens zunächst vorhergehenden Jahrhundert, sich uns nach dem aus jener frühen Zeit noch übrigen, für dieselbe gezeichneten Plane darstellt [94]. Wir haben also hier eine im altchristlichen oder frühromanischen Stile gebaute Basilika; mehrere, theils mit derselben zusammenhängende, theils abgesonderte Kapellen; ein Wohngebäude für den Abt; das Kloster für die Mönche mit Refectorium, Küche, Calefactorium, Lavatorium, Infirmerie, Bibliothek; Wohnungen für die vielen hörigen Leute, welche dem Kloster als Ackerknechte, Fischer, Handwerker aller Art dienten; die nöthigen Oekonomiegebäude; einen Kirchhof, und das Ganze mit einer Mauer umschlossen. Die vielen Angehörigen des Klosters bildeten eine eigene Gemeinde (das obere und untere Dorf), eine Vorstadt von Konstanz, welche vor den Wirren des Zeitalters der Reformation über 200 Bürger zählte [95].

Fünftes Kapitel.
Großer Brand (1159) und Wiederaufbau.

In diesem Bestande war dieses klösterliche Gemeinwesen um die Mitte des zwölften Jahrhunderts, als eine furchtbare Feuersbrunst fast alle die Gebäude zerstörte. Aber nicht unverdient kam dieses Unglück, meint der Chronist: „In diesen Tagen", sagt er, „hatte bei uns alle Strenge der Disciplin und des Werkes Gottes nachgelassen. In der Nähe lebte ein Priester in freiwilliger Klausur. Als dieser einmal im Gebete über dieses Unglück klagte und ausrief: Herr, warum hast du ein solches Unglück über diesen Ort kommen lassen? hörte er plötzlich eine Stimme, die ihm sagte: weil sie selbst die Schönheit meines Hauses weggenommen haben [96]."

Große Feuersbrünste eines Gebäudes gehören zu seiner Geschichte. Deßwegen und wegen der anschaulichen, charakteristischen Art der Erzählung wollen wir die betreffende Stelle der Klosterchronik hier mittheilen [97]:

„Bei dem Krankenzimmer war ein kleiner Anbau, worin ein Kamin war. Neben dem Kamin zu beiden Seiten lag Stroh, auf welchem Brüder schliefen. Oefters unterhielten sie sich dort ganz ordnungswidrig mit Essen, Trinken und Gespräch. Als nun einmal Diener des Klosters dort unvorsichtiger Weise Feuer machten, so wurde das daneben liegende Stroh vom Feuer ergriffen und im Augenblick verbreitete sich das Feuer durch das ganze Kloster. Die Flamme zerstörte die Basilika des hl. Gregorius und alle Gebäude des Klosters. Die Brüder saßen gerade nach der Vesper bei dem Essen; durch die Meldung der Gefahr über die Maßen erschrocken, vergaßen sie Alles, was sie zunächst zu Handen hatten (was auch Alles verbrannte), liefen umher und trugen fort, was sie gerade von dem Hausrath wegnehmen konnten. Sie konnten nicht glauben, daß Gott die Basilika des hl. Gregorius durch das Feuer würde zerstören lassen, und sie räumten daher dieselbe nicht mit der gehörigen Schnelligkeit. So verbrannte von den Kirchengeräthen und von den Büchern Vieles, was noch hätte herausgetragen werden können. Es verbrannte der Hauptaltar mit allen seinen Zierden, darunter das mit Silber bedeckte Heiligthum, oben mit einem sehr schönen rothen Marmor, in welchem einst der Arm des heiligen Philippus gefunden wurde, nebst anderen Reliquien. Das Ciborium mit seinem ganzen Schmucke, darunter eine mit Gold und Silber bedeckte Pyris, mit dem Leibe des Herrn, die dort aufgehängt war, und viele andere schöne Reliquien-Gehäuse, ein sehr schönes Crucifix und darin viele Reliquien, Geländer (cancelli) mit schönen Bildern in preiswürdiger Arbeit verziert, der Altar vor dem Kreuz, der herrliche Chor und viel Schönes ähnlicher Art; viele gute Codices; viele kostbare Dorsalien und Umhänge, sieben Kapellen, der Capitelsaal, dessen Sitze wegen des Pfingstfestes damals mit allerhand Decken geziert waren; ein sehr guter Codex, die Klosterregel (regula satis bona), zugleich zwei Martyrologien enthaltend, das eine über die Heiligen, das andere über die Verstorbenen; die Evangelien und Isidorus (Isidorus sententiarum); das Refectorium mit allem seinem Geräthe; Küche und Keller mit allen Vorräthen; ein Schrank (armarium) mit dem Vielen, was darin war; die Wohnung des Herrn Abtes mit vielem guten Hausgeräth; die besten Codices für den Altar und den übrigen Gottesdienst mit dem besten Einbande. Auch viele unvergleichliche Glocken gingen zu Grund, Cymbeln und Orgeln. Die Sakristei und der Aufbewahrungsort der Bücher mit ihrem Inhalte wurden mit Mühe noch gerettet. Es war ein Elend, es anzuschauen. Die Schlafsäle sowohl der Mönche als der äußeren Brüder (exteriorum fratrum) verbrannten und viele kamen dadurch in den Zustand einer erbarmenswerthen Entblößung. Die Wohnung der Schwestern wurde von der Flamme nicht berührt; aber dennoch gerieth das Frauenkloster in Verfall und die Schwestern zerstreuten sich überall hin. Aber auch von den Mönchen wurden einige anderen Klöstern zugetheilt, wo es nur geschehen konnte.

Das geschah im Jahr 1159 nach der Menschwerdung des Herrn, 177 Jahre nach der ersten Erbauung des Klosters, VII. Indiction am zweiten Tag des Monates Juni, an der britten Ferie der heiligsten Pfingst=woche, als einst der heilige Geist über die Jünger kam im Feuer, jedoch nicht verzehrend, sondern erleuchtend; auf uns aber kam das Feuer, wie wir es verdient hatten, verzehrend und verschlingend, die Mauern nie=derwerfend und die harten Steine zersprengend."

Es folgt darauf noch eine Fortsetzung der Erzählung, aus welcher hervorgeht, wie sogleich sowohl das Verbrechen als die Frömmigkeit das unglückliche Ereigniß auszubeuten suchten. Denn kaum war der Brand vorüber, so kamen Leute, darunter sogar einige von den Mönchen, welche in dem Schutte der Altäre das geschmolzene edle Metall suchten und ent=wendeten. Dagegen wird auch eine Frau von Konstanz genannt, welche Asche von den verbrannten Reliquien sammelte, damit ein Bad für ihren gelähmten kleinen Sohn bereitete, welcher dadurch geheilt wurde [98].

Der oben gegebene Bericht der Chronik über das Brandunglück erfordert zur Erläuterung einige Bemerkungen, welche wir hier folgen lassen wollen.

Die Cancelli, welche unter den zerstörten werthvollen Gegenständen hervorgehoben werden, sind zu verstehen von den Schranken (Geländern, Gittern), wodurch der Chor von dem übrigen Langhause und auch der obere Theil des Chors zunächst dem Altar von dem untern Theile desselben getrennt wurde. Diese Cancelli waren häufig durch das Material oder die kunstvolle Arbeit oder durch Beides ausgezeichnet [99].

Unter regula ist hier zu verstehen ein geschriebenes Exemplar der Klosterregel des h. Benedict. Gewöhnlich war mit der Klosterregel das Martyrologium und das Nekrologium in einem Codex zusammen ent=halten [100].

Unter Isidorus sententiarum werden die falschen Decretalen des Isidorus zu verstehen sein.

Das Wort Armarium bedeutet in der Sprache jener Zeit vorzugs=weise einen Bücherschrank, und Armarius so viel als Bibliothekar [101]. Es kann auch hier so zu verstehen sein; dann wären die weiter oben ge=nannten Bücher von den liturgischen, in der Kirche bei dem Gottesdienst gebrauchten und daselbst befindlichen Büchern zu verstehen.

Die Cymbala sind Schellen oder kleinere Glocken, womit in den Klöstern das Zeichen zum Gebet und zu den übrigen Verrichtungen gegeben wurde [102].

Die „Schwestern" sind Benedictiner=Nonnen. In den frühern Jahr=hunderten (vom V bis X) waren in der Regel fast alle Benedictinerklöster solche Doppelklöster. In denselben hatten die Nonnen ein besonderes, von dem Mannskloster getrenntes Gebäude mit strenger Clausur [103].

Die furchtbare Wirkung der Feuersbrunst wird an einer andern Stelle noch weiter so geschildert: „Die Gewalt der Flamme war so groß, daß das Metall der großen Glocken wie zu Wasser schmolz; und sie fielen in so kleinen Stücken herab, daß kaum noch ein einigermaßen bedeutender Theil des Metalls gesammelt werden konnte. Daraus wurden einige Glocken gegossen, welche theils sogleich wieder zersprangen, theils jetzt noch übrig sind. Säulen und Quadersteine zerborsten durch die Hitze und wurden unbrauchbar gemacht. Eine angesehene Frau, Namens Mathildis, schaffte bei dieser Veranlassung einige Säulen an mit ihren Capitälen und Basen [104].

Nur zwei Kapellen waren vom Feuer verschont worden, die Kapelle der h. Fides und des h. Johannes des Täufers. Dort wurde der Gottesdienst gehalten; dorthin wurden die noch übrigen Reliquien und der Sarkophag des h. Gebhard gebracht. Doch scheint die Kapelle St. Johannes des Täufers dennoch einige Beschädigungen erlitten zu haben, die aber sofort wieder hergestellt wurden: denn es wird bemerkt, daß sie sogleich im nächsten Jahre nach dem Brand (1160) auf's Neue von Bischof Hermann von Constanz eingeweiht wurde [105].

Bemerkenswerth ist, daß in demselben Jahre 1159 zwei deutsche Cathedralen durch große Feuersbrünste heimgesucht wurden: die Dome zu Freisingen und Speier. Ersterer brannte ganz nieder; letzterer wurde durch den Brand so beschädigt, daß ein neuer Querbau gebaut werden mußte [106].

Wenn der furchtbare Brand die geistliche Genossenschaft zu Petershausen auch noch so sehr erschütterte, so begann man dennoch sofort mit dem Wiederaufbau. Zuerst sorgte man durch Herstellung der Wohnungen des Abtes und der Mönche, sowie durch die Wiederherstellung einiger Kapellen für die Befriedigung der bringendsten Bedürfnisse. Erst nachdem dieses geschehen war, ging man an den Bau einer neuen Kirche: Die Klosterchronik berichtet darüber im Einzelnen, wie folgt [107]:

„Nachdem so das Feuer fast Alles, was in alter Zeit und später gebaut und zusammengebracht worden war, verzehrt hatte, so richteten sich der Abt Conrad und der Prior Hermann dennoch auf und machten sich mannhaft an das Werk, das Verlorene wieder herzustellen. Die andern Brüder standen ihnen bei, indem die Einen mit freudiger Bereitwilligkeit Lasten herbeitrugen, Andere im Lande umhergingen mit Reliquien von Heiligen und bei Reich und Arm Beisteuern zum Wiederaufbau des abgebrannten Klosters erbaten.

Aus diesen Beisteuern fingen sie an zuerst die Wohnung für den Abt zu bauen und zwei Kapellen wieder herzurichten, die eine über der andern; die obere zu Ehren des h. Martin und des h. Oswald, die untere zu Ehren der h. Maria Magdalene und der h. Jungfrau und Martyrin Fides. Die Kirchweihe der h. Fides blieb wie früher an dem 23. November, weil man diesen Altar unbeschädigt fand, so daß dort der Gottesdienst gehalten wurde.

Sie bauten ferner zwei Refectorien, eines über dem andern, eine Küche, einen Keller, eine Kelter; ferner eine Wärmstube (calefactorium) [108], eine Räumlichkeit für die Kranken mit einer Kapelle der h. Maria; auch einen Capitelsaal und Schlafsaal.

Zu diesen Bauten brannten sie den Kalk mit vielen Kosten bei Tettingen im Wald. Auch fällten sie große Stämme und anderes Holz in dem Walde bei Bregenz, was mehr als fünfzig Ruderer über den großen See zu uns brachten.

Auch schickten andere Klöster ihre freiwillige Geschenke: die Hirschauer gutes Tuch und eine Fuhr Wein, die von St. Peter einen Kelch, die von Zwiefalten eine Casula, Albe und Stola. Andere schickten wieder andere Geschenke, welche alle Gott wohlgefällig sein mögen.

Im Jahre der Menschwerdung des Herrn 1161, in der VIII. Indiction, den 8. December, wurde die Kapelle St. Maria neben dem Krankenhause eingeweiht von dem ehrwürdigen Bischof Hermann von Konstanz, unter Mitwirkung des Abtes Konrad. Und weil früher eine Kapelle dem h. Michael geweiht und oberhalb derselben eine zweite Kapelle zu Ehren des h. Apostels Andreas gebaut war, wo die äußern Brüder sangen, diese Kapelle aber durch den Brand zerstört war, so vereinigte man nun diese dreifache Weihe auf jene eine Kapelle, und weihte sie zu Ehren der h. Maria, Mutter Gottes, des heil. Erzengels Michael und des h. Apostels Andreas, nebst andern Heiligen. (Folgt eine lange Reihe von Heiligen, von welchen Reliquien in der Kapelle waren.)

An demselben Tage weihte derselbe Bischof Hermann auch die Kapelle des h. Martinus und legte dort die Reliquien nieder, welche früher da waren. Von diesem Tage an wurde in der oben genannten Kapelle der h. Maria wieder Gottesdienst gehalten.

Für diese Bauten wurde alles Gold verwendet, was von dem Ankauf des Gutes zu Mimmenhausen noch übrig war.

Im Jahre 1160 weihte Bischof Hermann von Konstanz den 26. December auch die Kapelle des h. Johannes des Täufers auf dem Kirchhof ein, und legte dort die Reliquien nieder, die früher dort waren [109].

Erst nachdem diese bisher genannten Bauherstellungen nach dem

Brande vorgenommen waren, ging man an den Wiederaufbau der Kirche. Darüber berichtet die Klosterchronik also:

„Im Jahre der Menschwerdung des Herrn 1162, in der X. Indiction, am 16. Mai, unter der Regierung des Kaisers Friedrich, als Bischof Hermann der Konstanzer Kirche vorstand, unter dem Abt Konrad, in der Vigil der Himmelfahrt des Herrn ist der erste Grundstein gelegt worden des Neubaues der Kirche zu Ehren des h. Papstes Gregorius an der Stelle der ersten von dem h. Gebhard gebauten Kirche. Die Schwelle des Einganges, welcher dem Kloster zugewendet ist, wurde gegen Westen gelegt, im dritten Jahre nach dem Brand des Klosters [110].

In demselben Jahre war gerade Kaiser Friedrich I. nach seiner Rückkehr aus dem mailändischen Kriege in Konstanz gegenwärtig. Er schenkte zu dem Neubau der Kirche dem Kloster Petershausen fünf Pfund Silbers, nachdem er schon früher einmal eben so viel gegeben hatte. Eben so viel spendete zu demselben Zwecke Herzog Heinrich von Sachsen [111].

Abt Konrad konnte noch zwei Jahre lang den Bau der neuen Kirche überwachen. Als eine seiner letzten Bauherstellungen wird angeführt ein eigenes kleines Gebäude (aedicula) zur Aufbewahrung der Bücher [112]. In der Regel wurden im Mittelalter die Codices in den Kirchen oder Sakristeien aufbewahrt. Man könnte glauben, der große Brand, bei welchem so viele Codices verbrannten, mochte wohl den Abt Konrad auf den Gedanken bringen, ein eigenes kleines Bibliotheksgebäude zu errichten. Aber auch schon in dem alten Plan von St. Gallen ist eine eigene Bibliothek.

Am 28. Juni des Jahres 1164 starb der thätige Abt Konrad. Er vermachte seiner Kirche eine schöne Stola und einen vergoldeten mit Edelsteinen besetzten Kelch. Er wurde begraben neben dem Eingang der Klosterkirche [113].

Dieser Platz des Begräbnisses wurde gewählt entweder weil der Bau der Kirche noch nicht weit genug vorgerückt war, so daß man die Leiche im Innern der Kirche beisetzen konnte, oder nach einer ausdrücklichen Anordnung des Abtes selbst. Denn es kam nicht selten vor, daß auch ausgezeichnete Personen einen Platz außen an der Kirche für ihre Grabstätte verlangten, sei es aus Demuth oder weil sie dem durch den Ort gleichsam geweihten herabfließenden Wasser der Dachtraufe eine reinigende Kraft zuschrieben [114].

Erst im Jahre 1173 wurden die Fundamente der östlichen Seite der Kirche gelegt. An dieser Verzögerung scheinen innere Zerwürfnisse unter dem Nachfolger Konrads, dem Abt Gebhard, und schlechte Zeiten die Schuld zu tragen [115].

Im Jahre 1180, einundzwanzig Jahre nach dem großen Brande, war der neue Kirchenbau vollendet, und die Einweihung desselben wurde den 26. December des genannten Jahres von dem Bischof Berthold von Konstanz vorgenommen. An demselben Tage wurde auch die Kapelle der h. Maria in der Nähe des Schlafsaales (wohl dieselbe, welche oben als in der Nähe des Locales für die Kranken befindlich bezeichnet war) und ferner der Altar des h. Ulrich und der h. Afra neben dem hohen Chor (sacrarium) eingeweiht. Da aber im Laufe der Zeit die Feier des Kirchweihfestes in dieser Jahreszeit und am zweiten Weihnachtstage sich als weniger passend gezeigt hatte, so setzte es späterhin der Abt Eberhard mit vielen Bitten bei dem Bischof Diethelm von Konstanz durch, daß die Kirchweihe auf den Tag der Einweihung der alten Klosterkirche, auf den Tag des h. Pelagius, zurückverlegt wurde. Dieses konnte aber nur dadurch geschehen, daß mit dem Hauptaltar der Kirche ein Umbau vorgenommen und dadurch (per commotionem altaris) mit Ungültigkeits-Erklärung der letzten Weihe eine neue Weihe vorgenommen wurde, und zwar im Jahre 1205. Alles dieses wissen wir aus einer authentischen Urkunde des Abtes Eberhard von Petershausen, von welcher sich eine Abschrift in einem alten Missale erhalten hat, abgedruckt in Gerberts Historia silvae nigrae [116].

Diese zweite, im Jahre 1180 vollendete Kirche des Klosters Petershausen ist nun diejenige, welche, wenn auch mit manchen im Laufe der Jahrhunderte vorgenommenen Veränderungen, bis zum Jahre 1836 stand, wo sie, nach der schon 1806 erfolgten Aufhebung des Klosters längst nicht mehr zum Gottesdienste gebraucht, wegen ihrer Baufälligkeit abgerissen wurde. Nur das westliche Portal dieser zweiten Petershauser Kirche ist, wie schon oben bemerkt, nach dem Willen eines Alterthum und Kunst liebenden Fürsten erhalten worden.

Sechstes Kapitel.

Zweite Kirche zu Petershausen. Portal derselben.

Man erwartet nun vielleicht, daß wir auch von dieser neuen, aber immerhin noch sehr alten Kirche zu Petershausen gleichfalls eine genauere Beschreibung und eine Baugeschichte geben. Aber eines Theils haben wir uns diese Aufgabe von Anfang an bei dieser unserer Arbeit nicht gestellt; wir wollten zunächst nur zu einer zusammenhängenden Darstellung

vereinigen, was sich über die erste, in einer verhältnißmäßig so frühen
Zeit gegründete Basilika zu Petershausen in dessen alter Klosterchronik
zerstreut findet. Andern Theils würde es auch an genügendem Material zur
genauern Kenntniß dieser zweiten Kirche jetzt nach ihrem Abbruche fehlen.

Wir beschränken uns daher auf einige Bemerkungen über das Ver=
hältniß dieser zweiten Kirche zu der ersten in architektonischer Beziehung;
so wie ferner auf einige Nachträge zu der Erklärung des noch erhaltenen,
so sehr bemerkenswerthen Portals der zweiten Kirche. Für alles Wesent=
liche hat dieses Portal schon vor Jahren seine Erklärung gefunden in der
schon angeführten interessanten kleinen Schrift des verstorbenen großh.
bad. Generals Krieg von Hochfelden. Wir freuen uns aber und hoffen
den Dank der Leser dafür, daß wir im Stande sind, ihnen hier die unten
folgenden Abbildungen dieser Kirche vorlegen zu können.

Die zweite Petershauser Kirche erhielt dieselbe Orientirung, wie die
erste, mit dem Eingang im Osten und dem Chor im Westen. Ein Grund=
riß oder genaue Zeichnungen dieser im Jahr 1836 gänzlich abgebrochenen
Kirche liegen nicht vor. Es ist uns außer einer kleinen, natürlich nicht
genauen, Andeutung mehr als Abbildung derselben in der Gesammtansicht
von Konstanz bei Merian [117] nur eine kleine lithographirte Ansicht der
Abtei Petershausen bekannt, welche der ersten Lieferung des Werkes
„Denkmale deutscher Baukunst am Oberrhein" (Freiburg, Herder 1825)
als Titelvignette beigegeben ist. Wir geben hier eine Wiederholung der=
selben in Holzschnitt. Eine detaillirte Zeichnung der abgebrochenen öst=

lichen Façade soll sich (nach der Angabe des Herrn von Krieg) in Eng=
land befinden, im Besitze eines Herrn For=Strongway. In den oben
angeführten „Denkmalen" wird von der damals noch stehenden Kirche
folgende Beschreibung gegeben (S. 26): „Im Wesentlichen hat sich der
Bau der Kirche, wie er in der zweiten Hälfte des zwölften Jahr=

hunderts begonnen und vollendet wurde, bis jetzt erhalten. Das von zehn Säulen getragene Schiff und wahrscheinlich auch dessen Abseiten, in welchen jedoch die Fenster vergrößert worden, die Querseite des Kreuzes und der gerade Chorschluß mit ihren, am ganzen alten Baue sich wiederholenden kleinen Fenstern und hohen Giebeln, die Vorderseite mit der Thüre und einem Rundfenster darüber, und gleichfalls in einem hohen Giebel auslaufend, und endlich der beträchtlich hohe Viereckthurm sind unverändert gebliebene Theile der alten Kirche. Einige unbedeutende Anhänge sind erst später hinzugekommen. Im Innern hat die Kirche, wie es scheint zu Anfang des achtzehnten Jahrhunderts, eine schmachvolle Umgestaltung erlitten; indem, nur mit Ausnahme der Säulenfüße, ihre ganze Alterthümlichkeit durch die geschmackloseste Gipsverkleisterung zerstört, und bei dieser Gelegenheit auch wohl manches schätzbare Kunstwerk aus früher Zeit entfernt wurde. Jetzt ist sie der Gottesverehrung geschlossen und im Innern verwüstet."

Mit dem Modell der Kirche, welche die Statue des Bischofs Gebhard an dem Kirchenportal in der Hand trägt, stimmt diese Beschreibung und die kleine Abbildung auf der genannten Titelvignete nicht ganz überein. Das Modell hat einen Vorbau, der etwas niederer und schmäler ist als das Hauptschiff und an diesem Vorbau ist der Eingang zur Kirche und noch ein Nebenportal angedeutet. Wir sind außer Stand zu ermitteln, ob dieß Modell vielleicht die Petershauser Kirche gar nicht genau vorstellen, sondern nur überhaupt den hier dargestellten Bischof als Gründer einer Kirche bezeichnen soll; oder ob man, wenn dieß auch das ursprüngliche Modell ist, in der Ausführung des Baues davon abwich.

Im Einzelnen haben wir noch Folgendes zu bemerken. Herr von Krieg macht bei dem Modelle in der Hand des Bischofs besonders auf die kreisrunden Fenster aufmerksam, sowohl an den Giebelseiten als an der Langseite oberhalb der länglichen mit einem Rundbogen schließenden Fenster. Er äußert, daß kreisrunde Fenster überhaupt an Kirchen erst seit der zweiten Hälfte des zwölften Jahrhunderts in Deutschland erscheinen. Dagegen ist zu bemerken, daß schon an altchristlichen Kirchen Beispiele von kreisrunden Fenstern vorkommen [116]. Es wäre also nicht auffallend, wenn schon in dem ersten Anfange der romanischen Periode und nicht erst seit der zweiten Hälfte des XII. Jahrhunderts runde Fenster an Kirchen in Deutschland vorkamen. Von runden Fenstern am Langhaus oberhalb der länglichen weiß Herr von Krieg an Kirchen des romanischen Styles nur noch ein Beispiel in Deutschland anzuführen, nämlich an der Kapelle des Klosters Heilbronn bei Nürnberg, erbaut im Jahr 1200. Dagegen ist zu bemerken, daß schon früher im XII. Jahrhundert einzelne Fälle von runden Fenstern vorkommen; so auf dem Petersberg bei Halle und in der Abtskapelle zu Schulpforte [119].

Wir wenden uns nun zu den Sculpturen des Portales. Wir geben hier zuerst die Ansicht des ganzen Portales. Von den am Portal befindlichen Sculpturen sollen zuerst in Betracht kommen die Basreliefs über dem Thürsturz und in dem Tympanum.

Das Portal.

Die Himmelfahrt Christi, welche wir hier dargestellt sehen, wird in den biblischen Urkunden nur sehr kurz berichtet. Die betreffenden Stellen (Marc. XVI, 11. Lucas XXIV, 50. Apostelgesch. I, 9) geben der bildenden Kunst nur die Motive, daß der Heiland aufwärts entschwebte; daß eine Wolke ihn aufnahm; daß während die zuschauenden Jünger noch den Blick gegen den Himmel gerichtet hatten, „zwei Männer in weißen Kleidern" (Engel) sie anredeten. Darauf wird erzählt, daß die Jünger nach Jerusalem zurückkehrten und dort in einem Saale im Gebete vereint beisammen blieben. Sie werden an dieser Stelle der Apostelgeschichte alle namentlich aufgeführt, mit dem Anfügen, daß sie dort zusammen

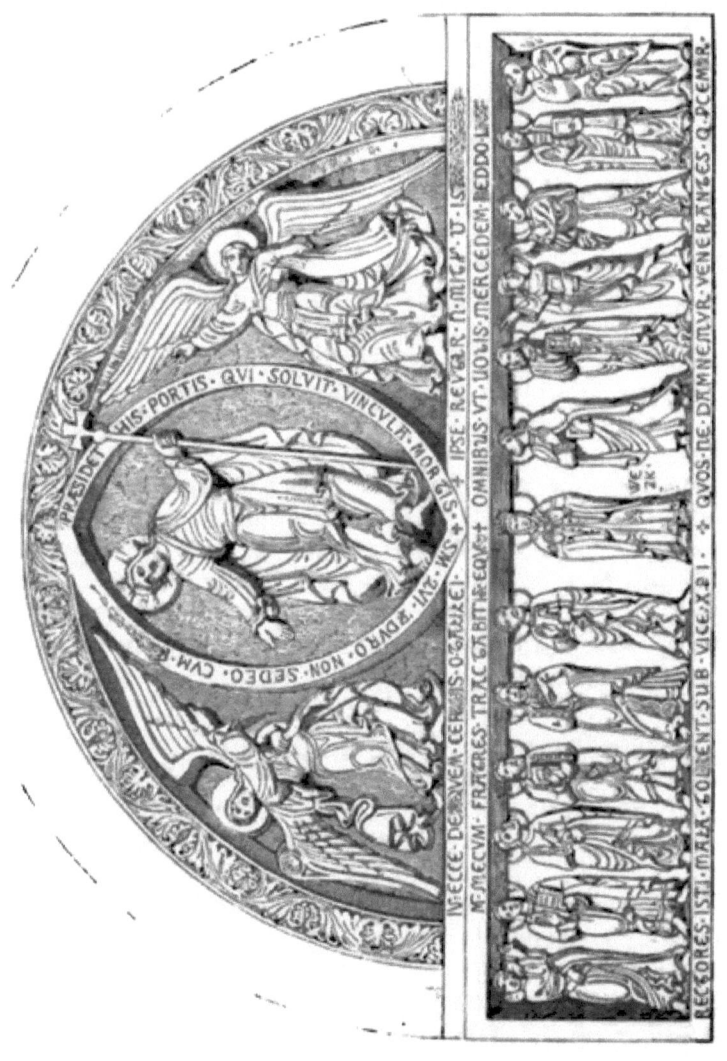

Die Paaseitafel.

waren „mit den Frauen, mit Maria der Mutter Jesu und mit seinen Brüdern." Die auf die Himmelfahrt sich beziehenden Predigten der Kirchenväter, aus welchen das Brevier Auszüge enthält, und die kirchlichen Hymnen geben keine weitere Motive zur künstlerischen Darstellung, mit Ausnahme etwa zweier Stellen bei dem h. Gregorius und dem h. Augustinus. Ersterer sagt: der Erlöser sei nicht wie Elias auf einem feurigen Wagen und mit Unterstützung von Engeln emporgestiegen, sondern aus eigener Kraft; und letzterer scheint anzudeuten, daß bei der Himmelfahrt Engel erschienen sind und den Heiland umgaben [120]. In der erstern Stelle liegt wie eine Warnung für den Künstler, den Heiland nicht durch Engel tragen und stützen zu lassen, wie wenn er ihrer Hülfe bedurft hätte; letztere Stelle konnte veranlassen, den Heiland mit dienenden und anbetenden Engeln zu umgeben.

Aus diesen Elementen bildete sich die typische Darstellung der Himmelfahrt in der christlichen Kunst: Christus in einer Wolke, in einem Nimbus (gewöhnlich in der ovalen Mandorla) emporschwebend; zwei Engel zu seinen Seiten (die zwei weiß gekleideten Männer, welche gleich nach der Auffahrt die Jünger ansprachen); die heil. Maria (von der man annahm, sie sei nicht bloß nach der Rückkehr der Apostel nach Jerusalem bei ihrer betenden Versammlung gegenwärtig gewesen, sondern schon vorher bei der Himmelfahrt selbst) und zwar an dem Ehrenplatze in der Mitte der rechts und links von ihr stehenden Apostel.

So finden wir diese Darstellung auch hier in dem Portale von Petershausen: St. Maria, als Orans mit ausgebreiteten Händen, wie sie in den ältesten Denkmälern der christlichen Kunst, in den Katakomben, so oft dargestellt ist; mit einer Krone auf dem Haupte (wie sie erst in der mittelalterlichen Kunst erscheint); die Apostel mit Büchern oder Schriftrollen, St. Petrus mit dem Schlüssel, den gewöhnlichen Attributen. Es sind zwölf Apostel zu sehen, obgleich nur elf bei der Himmelfahrt gegenwärtig waren, da für Judas Ischarioth damals noch kein Ersatzmann (in der Person von Matthias) gewählt war. Christus mit dem ovalen Nimbus umgeben, trägt einen oben mit einem Kreuz versehenen Stab. Man findet auf altchristlichen Denkmalen (Sarkophagen und Mosaiken) Christus öfters mit diesem Stabe oder Scepter, außerdem auch noch den Apostel Petrus.

Die Himmelfahrt findet sich nicht auf den Denkmälern der ältesten christlichen Kunst dargestellt, wie dieses z. B. von der Geburt Christi und anderen biblischen Geschichten des N. Testamentes der Fall ist. Zu den frühesten Darstellungen mag wohl gehören die auf der Bronzethüre des Doms zu Pisa mit griechischer Schrift [121]. Hier sehen wir ebenso Christus

zwischen Engeln empor schweben; unten die hl. Maria, rechts und links
von ihr die Apostel. Eigenthümlich ist nur, daß hier nicht zwölf, sondern
nur elf Apostel erscheinen und daß hinter der hl. Maria ein Baum steht.
Der Baum soll wohl andeuten, daß die Scene im Freien ist; die elf
Apostel sind, wie oben bemerkt, der biblischen Geschichte entsprechend.
Ebenso findet sich eine Himmelfahrt auf einer der Bronzethüren in St. Paul
zu Rom: mit elf Aposteln ohne den Baum [122]. In einem Bamberger
Miniaturbild aus dem Anfange des XI. Jahrhunderts steht in dem ersten
Entwurf der Zeichnung ein Baum in der Mitte zwischen den Aposteln,
an dessen Stelle aber bei der Ausführung des Bildes die hl. Maria gesetzt
worden ist [123]. Der architektonischen Anwendung nach stimmt die Dar=
stellung der Himmelfahrt an der Petershauser Kirche mit dem berühmten
inneren Portale der Kirche der Abtei Cluny, gebaut in dem Anfang des
XI. Jahrhunderts, welche zunächst nach den Dimensionen der jetzigen
Peterskirche zu Rom die größte christliche Kirche war und ungeachtet dessen
durch den Vandalismus der französischen Revolution zerstört wurde. Auch
hier waren auf dem Thürsturze die Apostel und die hl. Maria angebracht,
in dem Thürbogen Christus in dem ovalen Nimbus; aber thronend, nicht
schwebend, und vier Engel nebst den symbolischen Thieren der Evangelisten.
Dieselbe Darstellung der Himmelfahrt wie an dem Portale zu Cluny
finden wir auf dem elfenbeinernen Deckel eines Reliquienkästchens, in der
königlichen Sammlung zu Stuttgart, mit vortrefflicher Arbeit. Hier sind
vor der Gruppe der Apostel vier Bäume angebracht [124]. *)

Die künstlerische Ausführung kann in Vergleich mit anderen Stein=
bildern an Kirchenportalen in Deutschland aus derselben Zeit als ganz
lobwürdig gelten [125], besonders was Stellung, Ausdruck und Gewandung
der Figuren des unteren Feldes betrifft. Christus und die zwei Engel
erscheinen in einer sehr lebhaften, fast leidenschaftlichen Bewegung. Die
auf die Seite nach abwärts geneigte Haltung des Heilandes ist, wie
Herr von Krieg wohl richtig bemerkt, dadurch motivirt, daß er den Jün=
gern gleichsam Lebewohl sagt; die etwas gezwungene Stellung der Engel
mit den langen Flügeln richtet sich nach der gegebenen architektonischen
Umgrenzung.

Ueber die beiden an dem Portal stehenden Statuen, des hl. Papstes

---

*) So weit war ich mit diesen Bemerkungen gekommen, als ich darüber
meinem verehrten Freunde Herrn Professor Bock Mittheilung machte; dieser nahm
davon Veranlassung, diesen Gegenstand, die Darstellung der Himmelfahrt Christi,
auf das Gründlichste zu erörtern und hatte die Güte, diese für die christliche Kunst=
archäologie so überaus schätzbare Monographie uns zum Abdrucke zu überlassen.
S. unten Anhang.

50

Der hl. Gregorius.   Der hl. Gebhard.

Gregorius des Großen, als des Patrones, und des hl. Bischofs Gebhard, als des Gründers der Kirche, hat Herr von Krieg in seiner Schrift das Nöthige gesagt, namentlich was zur Erklärung der geistlichen Gewänder derselben zu bemerken ist.

Herr von Krieg macht die Bemerkung: bei genauer Betrachtung sehe man, daß ein älteres Modell in der Hand der Statue Gebhards weggemeißelt und das gegenwärtige eingesetzt worden sei. Dieser Umstand könne auf die Vermuthung führen, daß beide Statuen noch aus der ersten 983 erbauten, 1159 abgebrannten Kirche herrühren, und daß man nur bei der Statue Gebhards das alte Modell beseitigt und das Modell der neuen Kirche an dessen Stelle gesetzt habe; dieser Vermuthung widerspreche jedoch die Zeichnung und technische Behandlung dieser Sculpturen, wornach sie nicht in eine so frühe Zeit versetzt werden könnten. Wir haben darüber schon oben uns ausgesprochen.

Den Weg zur richtigen Auffassung und Erklärung der beiden Statuen gibt Herr Professor Bock, welcher sich darüber also äußert:

„Die denkwürdigen Bildwerke, welche man bei dem Grabe Gebhards in der ersten Kirche zu Petershausen errichtet sah, sind nicht ohne Einwirkung auf diejenigen geblieben, durch welche das Ostportal des späteren Kirchenbaues geschmückt wurde. Bei jenem Grabe sah man nämlich neben dem Bildnisse des Herrn die Gestalten des hl. Gregors und des hl. Gebhard, des Gründers der Kirche. Bei dem Portale sind die letzteren Figuren auf beiden Seiten der Thüre angebracht. Die Vermuthung, daß dem Bischof Gebhard das Modell der Kirche, welches die Statue ursprünglich in der Hand hielt, weggemeißelt und daß dieß mit dem Modell der 1174 errichteten vertauscht wurde, liegt sehr nah. Herr von Krieg hat aber ganz Recht, zu behaupten, daß man auf diesen Umstand die Vermuthung nicht begründen dürfe, die Statuen selbst, deren Zeichnung und technische Behandlung ein späteres Zeitalter bekunden, gehörten dem X. Jahrhundert an. Wohl aber, meine ich, darf man unterstellen, daß die Bildnisse am Grabe Gebhards als Muster für die des Kirchenportals benutzt wurden. Durch die bei seinem Grabe aufgestellte Gruppe hat der Stifter seinen Patron, den hl. Gregor, mit Hinweisung auf den Kirchenbau seiner bei dem Weltrichter eingedenk sein zu wollen."

Also mit anderen Worten: die beiden Statuen am Portal der zweiten Petershauser Kirche sind Copien der in der ersten Petershauser Kirche aufgestellten Bildnisse, wenn auch mit der inzwischen fortgeschrittenen besseren Technik ausgeführt. Bei der Copie der alten Statue Gebhards behielt der Bildhauer anfänglich das alte Modell in der Hand des Bischofs bei, welches aber dann durch eine Verbesserung mit dem Modell der zweiten Kirche vertauscht wurde.

Schließlich ist noch von den Inschriften an dem Portal zu handeln.

Zwischen den Figuren der hl. Maria und dem hl. Johannes ist der Name Wezilo zu lesen. So nämlich sind nach Herrn von Krieg die hier stehenden Buchstaben zu lesen. Obgleich die Architekten und Bildhauer jener Zeit nicht leicht ihre Namen ihren Werken beisetzen, so ist doch der nächste Gedanke, daß wir hier den Namen des Baumeisters der Kirche haben. Zur Gewißheit wird diese Annahme durch eine Stelle in der Klosterchronik. Nachdem nämlich der Chronist berichtet hat, daß der Neubau der Kirche 1162 begonnen wurde und daß um dieselbe Zeit Kaiser Friedrich I. aus seiner Mailänder Beute viele Klöster beschenkt habe, und darunter auch Petershausen mit fünf Mark, fährt er fort: „Von da an wurde allmählich von Tag zu Tag die Basilika des hl. Gregorius durch den Neubau wieder hergestellt durch einen gewissen Wezilo aus Konstanz, einen ehemaligen Kleriker, als Werkmeister." Exclericus, wie Wezilo hier bezeichnet wird, kann natürlich nicht bezeichnen einen ehemaligen Priester, da die Priesterwürde nicht abgelegt werden kann, sondern wird wohl so zu verstehen sein, daß derselbe als Bruder in einem Kloster (wohl zu Petershausen selbst) war, dann aber dasselbe verließ und in die Welt zurückkehrte. Es ist bekannt, daß in der frühesten Periode der christlichen Kunst bis in das elfte und zwölfte Jahrhundert bei dem Kirchenbau die Architektur und die übrigen bildenden Künste fast ausschließlich von den Geistlichen, namentlich Klostergeistlichen, verstanden und geübt wurden; daß es in Deutschland selbst nicht an Bischöfen fehlte, welche als ausübende Künstler zu kirchlichen Zwecken sich auszeichneten. In der Petershauser Chronik selbst haben wir Beispiele dafür an dem Mönch Gebino, dem Oheim des Verfassers der Chronik, der als Architekt und Goldschmied für das Kloster thätig war, und an dem Abt Konrad, der vor seiner Erhebung mit Goldschmiedarbeiten sich beschäftigte [126].

Außer dem angegebenen Namen gibt uns das Portal aber auch eine Anzahl lateinischer Verse zur Erklärung der hier befindlichen Bildwerke. Wir verdanken ihre Lesung dem Herrn Archivdirector Mone [127], nachdem die früheren Beschreiber des Portals sie für unleserlich gehalten hatten. Diese Verse folgen hier mit der versuchten Ergänzung eines derselben, der im Anfange mangelhaft ist, und mit der deutschen Uebersetzung des Herrn von Krieg.

Auf den beiden bogenförmigen Leisten des Mittelfeldes, worin der Erlöser erscheint, heißt es:

Praesidet his portis, qui solvit vincula mortis.
Sum qui perduro, non sedeo cum perituro.
(Der behütet das Thor, der da löst die Bande des Todes,
Ewig bin ich und fern ist von mir vergängliches Wesen.)

Auf der horizontalen Grundlinie des Rundfeldes:

Filius ecce Dei, quem cernitis o Galilaei.
Ipse revertetur, non mitis ut iste videtur.
(Dieß ist Gottes Sohn, den ihr sehet, o Galiläer,
Einmal kehret er wieder, so mild nicht, wie er sich hier zeigt.)

Auf der Leiste über den Aposteln:
> Vos olim mecum, fratres, tractabitis aequum:
> Omnibus ut vobis mercedem reddo laboris.
> (Mit mir sitzt ihr bereinst, ihr Brüder, in dem Gerichte;
> Alle wie euch belohn' ich alsdann, so wie sie verdienen.)

Auf der Leiste unter den Aposteln:
> Rectores isti mala tollent sub vice Christi;
> Quos ne damnemur, venerantes quique precemur.
> (Diese Leuter, sie tilgen durch Christi Hülfe die Uebel;
> Daß wir nicht werden verdammt, mit Ehrfurcht bitten wir alle.)

Unter diesen Versen sind einige, welche sich an die Liturgie des Festes anschließen. So entspricht der erste Vers, wo Christus als Ueberwinder des Todes genannt wird, den beiden Zeilen der Prosa in der Messe:
> Christus scandens in aethera
> Mortis fregit potentiam.

Die Rückkehr Christi als Weltrichter, worauf die zweite Inschrift hinweist, ist in der nämlichen Prosa so ausgedrückt:
> Ut ascendit, sic veniet
> Sedens in nubis solio;
> Poena malos afficiet
> Judex, bonosque praemio.

Diese Inschriften (so schließen wir mit Herrn von Krieg) lassen über die Idee des Künstlers bei dem Bau des Portales durchaus keinen Zweifel entstehen. Der Eingang zur Kirche ruft zum Gebete, in sehr ernster Hinweisung auf das jüngste Gericht und die Fürbitte der Heiligen."

Anmerkungen.

[1] Die angeführten Worte sind aus Schnaase Gesch. d. bild. Künste IV. 2. S. 141. Dagegen glaubt sich Sighart Gesch. d. bild. Künste in Bayern S. 69 berechtigt zu sagen: „In der früh romanischen Periode trugen die Schwaben auch im Bauen das Panier in Deutschland voran."

[2] Die Druckschrift des Herrn von Krieg führt den Titel: „Das Kirchenportal der Abtei Petershausen, nunmehr in dem Garten des Schlosses Neu-Eberstein. Karlsruhe, Druck der W. Hasper'schen Hofbuchdruckerei. 1852. 8. 23 S. mit vier Holzschnitten." Die Schrift mit zwei von den vier Holzschnitten wurde später abgedruckt in dem Nürnberger Anzeiger für Kunde der deutschen Vorzeit, Jahrgang 1860. Schon vorher waren lithographirte Zeichnungen des Portals veröffentlicht worden in Bergmanns Sammlung der Merkwürdigkeiten des Großherzogthums Baden. Konstanz 1825. Fol. 40, in den Denkmalen deutscher Baukunst am Oberrhein. I. Lief. Freiburg, Herder. 1825, und in Nikolaus Hug Abbildungen alter Kunstwerke im großh. bad. Seekreise. Konstanz 1832, bei dem Herausgeber.

[3] Die Chronik von Petershausen wurde zuerst herausgegeben von Ussermann in

seinem Prodromus Germaniae sacrae I. 261 sq. und zwar nach einer Abschrift der alten Handschrift. Darauf wurde sie aus dieser Handschrift selbst (früher in der Bibliothek der Abtei zu Salmansweiler, jetzt in der Heidelberger Universitätsbibliothek) auf's Neue kritisch berichtigt herausgegeben von Mone in der Quellensammlung der bad. Landesgeschichte. Bd. I. S. 112 ff. Der Verfasser der Chronik war ein Mönch von Petershausen, Neffe des demselben Klosters angehörigen, in der Chronik selbst mehrmals angeführten Mönches Gebino, der als Architekt und Goldschmied für sein Kloster thätig war.

[4] Chron. Pet. I. 10. p. 121 bei Mone. Neugart Ep. Const. I. 298.

[5] Chron. P. I. 11.

[6] Monasterium S. Gregorii heißt es in einer Urkunde von 995. Chron. Pet. I. 14. p. 122.

[7] Neugart I. 300.

[8] Wir haben darüber genauere Nachrichten in dem Lobgedicht auf Abt Wittichowo (985—997) von einem Zeitgenossen desselben, dem Reichenauer Mönch Purkart (Purchardi Carm. de gestis Witigowonis Abbatis in Pertz Mon. Tom. VI. p. 628 v. 302.

[9] Chron. I. 10. p. 122. Anno igitur dominicae incarnationis nongentesimo octogesimo tertio jecit fundamenta basilicae. Fecit autem vallos ubique per locum ad exsiccandum humorem: et obtulit quatuor aureos, quos posuit sub singulos ecclesiae angulos.

[10] Vita Gebhardi auctore Felice Manlio Cap. 2, in Act. SS. Bolland. August. T. VI. p. 118. Situs autem eiusdem templi ad occidentem plagam versus est: secundum formam basilicae principis Apostolorum Romae constructam, formatum est. Diese vita ist 1511 verfaßt, gedruckt in Canisii Lect. antiq. Tom VI. p. 475, daraus bei den Bollandisten und bei Pistorius Scriptor. Germ. T. II. p. 772. Das Original der Handschrift des Felix Manlius über das Leben des Bischofs Gebhard ist in demselben jetzt der Univ.-Bibliothek Heidelberg gehörenden Codex ꝛc., der die Petershauser Chronik enthält (Mone, Quellens. I. 112). Der Verfasser, Sohn des Jacobus Maulius, des Verf. des Chronicon Constantiense, benutzt die Petershauser Chronik. nennt aber in seiner Praefatio (p. 115. n. 3.) als seine Quelle seniorum relatio.

[11] S. Platner und Bunsen, Beschreibung Roms. II. 1. S. 61 ff. Hübsch, altchristliche Kirchen S. XXIII. Atlas der Abbildungen, Platte III und IV. Wir benutzen diese Gelegenheit auf dieses vortreffliche Werk des berühmten Architekten, unsers badischen Landsmannes, aufmerksam zu machen. Wir verweisen, was die jetzt erleichterte Anschaffung dieses Werkes betrifft, auf die Anzeige auf dem Umschlage dieses II. Bandes unsers Archivs. Auch Laib und Schwarz, Studien über den Altar, geben den Grundriß der alten Peterskirche. Taf. II. 1. S. 4.

[12] Laib und Schwarz, Formenlehre des romanischen und gothischen Baustyls. Stuttgart 1858. S. 5. Studien über den Altar §. 4. S. 6.

[13] Laib und Schwarz, Formenlehre, S. 15. Fünfschiffige Kirchen aus der gothischen Periode sind in Deutschland z. B. die Kirche St. Peter und Paul zu Görlitz und die Marienkirche zu Mühlhausen. Puttrich, Denkmale der Baukunst des Mittelalters in Sachsen. II. Abth. II. Bd. S. 5.

[14] Chron. Petersh. VI. 1. p. 170.

[15] Schnaase, a. a. O. IV. 2. S. 61. Auch führt derselbe an „die einschiffige Kirche zu Plieningen bei Stuttgart mit Architrav, Fries, Kranzgesims; Aehnliches

an der Kapelle zu Belsen bei Tübingen und an der Kirche zu Ellwangen. IV. 2. S. 144.

[16] Chron. P. III. 7. p. 141.
[17] Otte, Archäologischer Katechismus, S. 22.
[18] Chron. P. I. 17. p. 122.
[19] Platner und Bunsen, Beschreibung Roms. II. 1. S. 56 und 82.
[20] Chron. I. 48. p. 129. Laquearia basilicae undique per intervalla bullis deauratis ornavit.
[21] Act. SS. Bolland. August. T. VI. p. 118. Iussit omnes parietes certo tramite sursum sine vestibulis, sicut hactenus cernuntur, construi, ita ut laquearia eiusdem templi in modum crucis suspensa esse videantur. Quae laquearia deauratis baculis in modum stellati coeli undique decoravit. Die Worte sine vestibulis an dieser Stelle sind kritisch nicht sicher; sie können aber dem Zusammenhange nach nur den in der Uebersetzung angegebenen Sinn enthalten.
[22] Hübsch, Altchristl. Kirchen, S. XXIII. Anmerk.
[23] Sighart, Geschichte der bildenden Künste in Bayern, S. 133.
[24] Bunsen, Beschreibung Roms, I. 2. S. 65. 74.
[25] Chron. Petr. I. 22. p. 123. Fecit valvas incomparabilis decoris. Ueber Kirchenthüren von Erz in dieser Periode s. Schnaase, Gesch. der bild. Künste, IV. 1. S. 345. und IV. 2. S. 509. Lübke, Vorschule der christl. Kunst, S. 204.
[26] Chron. P. I. 22. p. 123. Fecit (Gebhardus) ante ecclesiam porticum admodum parvulum, quem Theodoricus abbas ampliavit et melioravit.
[27] Chron. P. VI. 11. p. 171. Atrium quoque ipsum arboribus maximis multis et pomiferis consitum erat, quas omnes (Conradus) exterminavit.
[28] Bunsen, a. a. O., S. 64.
[29] Chron. P. V. 8. p. 162. Fecit (Conradus) domum campanarum super ecclesiam, quia prius pendebant in quatuor columnis juxta ecclesiam.
[30] S. Hübsch, Altchristliche Kirchen, S. 109. Platte XLIX. Ueber die Kirchenthürme in Teutschland überhaupt in dieser Periode s. Schnaase, a. a. O., IV. 2. S. 51, 66, 82.
[31] Insbesondere ist hier zu nennen die aus dem 12. Jahrhundert herrührende Beschreibung der Wandmalereien der Klosterkirche zu Benedictbeuern. Hierüber, sowie über die Wandmalereien in den Kirchen des romanischen Stuls s. Schnaase, Gesch. der bild. Künste, IV. 2. S. 489 und Sighart, Gesch. der Künste in Bayern, S. 130. Noch bedeutender als die Beschreibung der Wandmalereien in Benedictbeuern ist die Beschreibung der Wandmalereien des Klosters St. Ulrich zu Augsburg. Sighart. 201.
[32] Ciampini, De sacris aedificiis, p. 34. Tab. X.
[33] Chron. P. I. 22. p. 123. Muri quoque basilicae erant ex omni parte pulcherrime depicti; ex sinistra parte habentes materiam de veteri, a dextro autem de novo testamento. Et ubicunque imago domini fuerat, aureum circa caput circulum habebat. Venetiorum namque episcopus modium plenum sibi de graico colore, qui vocatur lazur, gratis pro caritate dederat; qui etiam color abundantissime, sicut ipsi vidimus, muris undique illitus erat. Jener freigebige Bischof von Venedig war nach einer Anmerkung in den Act. SS. a. a. O. p. 111. Ursus Venetus (981—992).
[34] Chron. Pet. I. 23. p. 123.
[35] Auch jetzt noch fließt dieser Brunnen unter dem Namen St. Gebhardsbrunnen,

bekannt durch sein gutes Wasser. Die gegen das Jahr 1849 bezeichnete eine steinerne Brunnenschale mit dem Bildniß des hl. Gebhard die Stelle, an welcher die Quelle hervorsprudelte und ihr Wasser durch eine kurze Leitung außerhalb des Guteinfanges (des ehemaligen Ebinger'schen Gutes) den Dürstenden darbot. Der gegenwärtige Besitzer dieses Anwesens (Hausnummer 904) hat sie im Jahre 1859 an sein Haus verlegt. Marmor, Topographie von Konstanz, S. 371.

³⁶ Chron. Pet. I. 48. p. 129. Super Chorum vero in tabula singulari imaginem S. Dei genitricis Mariae auro et optimis coloribus depingi fecit, et per circuitum ejus imaginem XII apostolorum in modum crucis. Quae omnia istis jam temporibus antiquitas coepit desistere esse quod fuerat.

³⁷ So Laib und Schwarz, Formenlehre, S. 15. Ausführlicher in Schwarz, Studien über die Geschichte des christlichen Altars, §. 4. Eine Zusammenstellung der verschiedenen Hauptformen des christlichen Altars gibt Hübsch, Altchristliche Kirchen, Platte LVII. Eine größere Anzahl derselben gibt Ciampini, Vetera monumenta, T. L. p. 178. Tab. XLIII, XLIV, XLV.

³⁸ Chron. Petr. I. 18 bis 21. p. 122, 123. De ciborio. Super cryptam sanctuarium fecit, ubi principale altare in honorem s. Gregorii papae constituit, super quod ciborium nimis speciosum fabricavit.

De quatuor columnis. Cum igitur columnas quatuor de ligno illicis fecisset et figuras vitis in eis formari fecisset, urbanos Constantienses in unum congregavit eosque sic affatus ait: „habeo, inquit, quatuor filias, quas me oportet nuptui tradere, sed non possum eas sine adjutorio vestro ornare; ea de causa vos modo convenio et ut mihi aliquod solatium pro acquirendis ornamentis pro posse et velle vestro adhibeatis peto." Cumque omnes respondissent, se libentissime facturos, quaecumque ille praecepisset, jussit columnas proferri et dixit, se has columnas argento velle vestiri et ut sibi ad hoc auxilium ferrent, coepit precari; quod omnes animo promptissimo fecerunt. Nam eorum solatio columnas argento optimo vestivit easque super bases lapideas decentissime sculptas constituit, ... super columnas arcus quatuor posuit, quos ex una parte ex aurato argento, ex altera vero de aurato cupro vestivit. .... Super arcus quoque et super columnas posuit tabulam tantae magnitudinis, ut totum operiret ciborium, habens in medio fenestram rotundam, et ipsam circuitu intrinsecus aurato cupro opertam, inferius autem habebat marginem prominentem, quem argento vestivit, quod etiam quidam abbas abstulit et ipse plumbum affixit. Ipsa autem tabula erat per totum ex inferiori parte aurato cupro decenter operta, habens imagines quatuor evangelistarum elato opere, aliasque perplures species. In transversu quoque ejus per quatuor partes erant laminae affixae argenteae, et in unoquoque latere conscriptus unus erat versus aureis literis de subscriptis:

    Hoc opus exiguum diversis artibus actum
    Fert tibi Gregori supplex devotio servi,
    Praesulis indigni, quem tu cum plebe fideli
    Conjungas turmis precibus pater alme supernis.

Super tabulae fenestram erat cassis lignea columnis tornatis superpositus, angulosus et deauratus, et super hunc imago agni candidi ad populum prospicientis.

De principali altari. De tabulis altari appositis. Ipsum etiam

altare erat cavum, habens ab oriente tabulam auro optimo et lapidibus pretiosis decoratam, ab occidente vero alia erat tabula argento cooperta, habens in medio imaginem s. Mariae elato opere de auro optimo appendens auri talentum, quam Bertholdus abbas tempore famis deposuit et comminuit, ac pro frumento distraxit. Super altare dependent diversa sanctorum receptacula reliquiarum.
De choro. Ad ipsum altare per gradus plures ascendebatur de choro, quos abbas Theodericus abstulit, quando chorum ampliavit. In supremo eorundem graduum in medietate erat spatium submissum, quantum altare fuerat latum, quadris lapidibus circumpositum, pertingens usque ad altare, ubi orantes genua flecterent: et juxta altare tabula marmorea viridi coloris pavimento imposita, in qua genua flectentes deoscularentur. Chorus vero erat valde parvus, quoniam ascensu graduum erat diminutus.

³⁹ Laib und Schwarz, Studien über den christlichen Altar, S. 24.
⁴⁰ Laib und Schwarz, Studien, Taf. XI. 4. Ciampini, Monum. vet., P. I. Tab. XLIII, 4. XLIV, 1. XLV, 4.
⁴¹ Laib und Schwarz, Studien, S. 16. Ebendaselbst findet sich Taf. IV. eine Abbildung des ehemaligen Baseler Altarfrontals (jetzt in der Sammlung des Hôtel Clugny zu Paris) und Taf. V des Frontals in Komburg. Zu diesen drei Stücken ist noch hinzuzufügen ein viertes Antipendium der Art im Münster zu Aachen, eine goldene Altartafel aus der Zeit Otto's III., welche in siebenzehn getrennten Stücken noch übrig ist und jetzt wieder zusammengesetzt werden soll. S. Franz Bock, Karls des Großen Pfalzkapelle. Aachen 1866. I. Bd. Taf. 25. Lübke, Vorschule, S. 100.
⁴² Chron. P. V. 41 p. 167. In hujus tabulae medietate erat circulus gemmis pretiosis densissime per circuitum adornatus, cujus in medio imago domini nostri Jesu Christi, quasi in majestate sedentis, pulcherrimo opere habebatur, et in circuitu per planum cherubim, in uno collo habentes quatuor facies et senas alas, et rotae habentes alas et oculos, et novem ordines angelorum habentes in manibus phialas, et viginti quatuor seniores, quasi mittentes coronas suas ante thronum domini. Imagines quoque quatuor evangelistarum in singulis electris pulcherrimo opere habebantur, et per circuitum circuli gemmis pleni, et in ceteris electris aliae imagines, in umbone (ambone?) vero vites, et haec omnia ita pulchro opere erant optimo auro formata, ut delectaret te videre.
⁴³ Electrum in der alten römischen Sprache: 1) Bernstein, 2) ein Metall bestehend aus einer gewissen Mischung von Gold und Silber. In dem letztern Sinne erklärt Du Cange s. v. T. III. p. 22. dieses Wort auch in dem Latein des Mittelalters: Mixtura quaedam aeris et stanni nomen sumens cum electro a coloris similitudine. Nach einer andern Ansicht ist unter Electrum Emailarbeit zu verstehen. In diesem Sinne nimmt es Sighart, Gesch. der bildenden Künste in Bayern. S. 118, 132, 208.
⁴⁴ Laib und Schwarz, Studien, S. 3. 27.
⁴⁵ Chron. Petr. I. 51, 52, 53. p. 129. 130. Sepultusque est in ecclesia, quam ipse construxerat, in meridiana absida feliciter atque gloriose.
De sepulchro ejus. Denique sepulchrum ejus venustissime decoratum praeclaris ornamentis conspeximus. Nam a capite habuit altare in honore s. Benedicti dedicatum, ubi cottidie prior missa canebatur. eidem altario opposita (apposit?) erat tabula, in inferiore parte habens imaginem Domini, ad cujus dextram imago s. Gregorii, in sinistra vero s. Gebehardi, in superiori autem parte ejus-

E

dem tabulae erant laminae de cupro factae affixae, in quibus hoc epitaphium aureis litteris est conscriptum.

Epitaphium versus:

> Debita pars terrae fallentia tempora sperne,
> Et memorare tuae, quam testatur cinis iste.
> Gentis honor nostrae jacet hic, gentis dolor, atque
> Praefuit hic urbi, cuncto sed profuit orbi,
> Hancque deo sedem templi fundavit et aedem.
> Parti terrenae deus ignoscens miserere,
> Redde vicem juste, quia te dilexerat iste.

De alio epitaphio. Sed et aliud epitaphium inveni in antiquo libro apud Steinense monasterium de hoc dei famulo conscriptum, quod se habet in hunc modum.

> Huc acies deflecte pias studiose viator,
> Quo titulus radiat, despice quid lateat.
> En tumulatus adest Gebehardus praesul haerilis,
> Quo major nullus constat in orbe manens.
> Quemque patrem meruit felix Constantia mater.
> Laetus anastaseos nunc gemit inducias.
> Pontificem vixit, magnorum stemmata gessit,
> Virtutum cupidus, vir bonus ac sapidus,
> Esuriens sitiensque deum, praesens fuit absens
> Corpore cum Martha, flamine cum Maria.
> Gregorii meritis fabricam summaverat istam
> Summi pontificis, contulit ac monachis.
> Tam plenus meritis exemptus carne kalendis
> Senis Septembris eistitur atque polis.
> Dic etiam dicant pariter juvenesque seneeque:
> Omnipotens requiem det tibi perpetuam.

De ornatu sepulchri. In circuitu sepulchri in muro quinque columnae erant de gypso factae, quarum capitella et arcus eleganti sculptura ornati, sed et desuper erant vites et volatilia et quadrupedia decenter formata, ad caput autem ejus imago crucifixi, et a dextro latere jacentis imago ipsius in medio tamquam ad officium altaris parati pontificalibus indumentis, cui assistebant a dextra laevaque ministrorum ejus figurae, una habens librum, altera vero linteum, et hoc totum optime de gypso formatum. Ipsum autem sepulchrum erat juxta cryptae introitum ex tabulis quadrinis a terra sublevatum, atque tapeti jugiter coopertum. Ubi ad demonstrandam meritorum ejus magnitudinem miserator et misericors dominus plerumque diversis aegrimoniis pro sua pietate medetur usque in praesentem diem.

[44] Chron. Petr. V. 3. p. 161. Anno igitur a partu virginis MCXXXIV a condito autem monasterio CLII indict. XII abbas Conradus convocavit Odalricum Constantiensis ecclesiae venerabilem episcopum, ejusdem nominis secundum, et aperuit tumulum b. Gebehardi episcopi et invenit corporis ejus thesaurum pretiosum, omni margarita cariorem. Ipse autem tumulus valde diligenter erat obfirmatus. In meridiana quippe parte juxta introitum cryptae erat et ad caput quidem ejus, imago de crucifixi de gypso et altare sancti Benedicti;

a latere vero dextro in pariete image ipsius sancti pontificis, et ex utroque latere ipsius imagines ministrorum, ejus quasi altario assistentes, et columnae et arcus et vites et similitudo volucrum et pecudum, omnia de gypso venustissime formata. In sinistro autem latere erat tabula in obliquum posita de quadro lapide, supereminens pavimento quasi duobus palmis, et item alia ad pedes altior ceteris et super hanc lignum, habens candelabra septem. Super tumulum vero lapis qui positus erat, inferius jacebat his supereminentibus, de quibus jam dixi. Quibus sublatis invenimus pavimentum lapide et caemento factum, quo etiam ablato invenimus iterum tabulam de firmissimo lapide, in quo erant duo circuli ferrei plumbo obfirmati. Sub hoc ergo sanctum corpus invenitur adhuc sacris vestibus circumvolutum; maxima quippe ex parte erant putrefactae, sed ossibus haerebant, quia eas manus non tetigerat. At cum manu tangi coepissent, illico defecerunt, excepta stola et superiori parte planetae, quae de croceo fuerat pallio. Ex his ergo aliqua pars remansit integra.

⁴⁷ Sighart, a. a. O., S. 71.
⁴⁸ Gerbert Vet. liturg. I. 195. Ueber die Altartücher überhaupt, deren Form und Gebrauch geben genaue Nachweisungen Laib und Schwarz, Studien, S. 33.
⁴⁹ Walafrid Strabo bei Gerbert. Vet. liturg. T. II. p. 545.
⁵⁰ Ciampini, Vet. monim., I. 179. 180.
⁵¹ Daß man aber zu weit geht, wenn man Grabsteine mit Porträtfiguren im zehnten und Anfangs des elften Jahrhunderts unbedingt zurückweist, wie Sighart a. a. O. S. 105 thut, zeigt dieses Grabmal zu Petershausen. S. Lübke, Vorschule, 157.
⁵² Gesch. b. bild. Künste IV. 2. S. 518.
⁵³ Chron. P. I. 26. p. 124. V. 9. p. 162.
⁵⁴ Bunsen, a. a. O., S. 71. 74.
⁵⁵ Bunsen, a. a. O., S. 79.
⁵⁶ Bunsen, a. a. O., S. 79. 97.
⁵⁷ Chron. Petr. V. 8. p. 162.
⁵⁸ Chron. P. IV. 42. p. 160.
⁵⁹ Chron. P. I. 26. p. 124. Ueber die Frage der bestrittenen Authenticität dieser Reliquie des h. Gregor handeln die Acta SS. Tom. VI. August. p. 110. §. III.
⁶⁰ Chron. P. I. 29. p. 125.
⁶¹ Chron. P. V. 42. p. 168.
⁶² Chron. P. VI. 18. p. 172. Anno MCLIIII Conradus Abbas melioravit rotam s. Gregorii et Otto presbyter brachium s. Philippi apostoli, ubi confractum fuerat, instauravit. Die Lesart rotam von dem Reliquiarium mit dem Haupt des h. Gregorius scheint verdorben zu sein, wenn dasselbe nicht etwa eine rundförmige Gestaltung hatte.
⁶³ Chron. P. I. 47. p. 129.
⁶⁴ Ducange, s. v. corona und pharus. Laib und Schwarz, Studien, S. 40 und 64. Lübke, Vorschule, S. 140.
⁶⁵ Chron. P. IV. 34. p. 159. Die Verzierungen an der Patena werden näher bezeichnet als castella und vermiculi, welche Bezeichnungen wir näher zu erklären außer Stand sind.
⁶⁶ Gerbert, Vet. liturg., I. p. 219. Tab. IV. Andere Nachweisungen bei Augusti, Denkwürdigkeiten aus der christlichen Archäologie, Bd. XII. S. 34.
⁶⁷ Chron. P. IV. 13. p. 155. Ein Beispiel eines Rauchfasses aus der roma-

nischen Periode, nach welchem wir uns etwa eine Vorstellung von dem Petershauser Rauchfaß machen können, ist das Rauchfaß aus St. Veit in Freising, von welchem Sighart, Gesch. der Künste in Bayern, S. 196 eine Abbildung gibt. Dasselbe ist ein Tempelchen mit vier Portalen, vier Thürmen und einer Mittelkuppel. Es soll wohl das himmlische Jerusalem vorstellen (nach Sighart), in dem die Gebete der Seligen wie Weihrauch emporwallen. Man unterschied das Thuribulum (kleines tragbares Rauchfaß, wie es auch jetzt in unsern Kirchen gebraucht wird) und Thymiaterium (großes an demselben Platz stehen bleibendes Rauchfaß), welches zur Seite des Altars hing oder neben dem Altar aufgestellt war. S. die Nachweisungen darüber bei Augusti, Denkwürdigkeiten, Bd. XII. S. 71. Lüble, Vorschule, S. 123.

[66] Chron. P. II. 4. p. 131. De thesauro beati Gebehardi. Iste est thesaurus Gebehardi Constantiensis divae memoriae episcopi, quem ille dedit ad locum, quem construxerat in honorem beati Gregorii papae, quem abstulit Lampertus episcopus successor ejus. Nappus unus cum auro paratus, pectina duo argentea, nappi etiam argentei duo, scutella una argentea, coclearia duo argentea, candelabra duo argentea: numerus argenti XXVIII librae ad pondus. Dorsalia duo, pectina duo, pecten unum elephantinum auro paratum, mensalia septem, mantele unum, tapetiolum unum, sciphus unus argenteus, stola una aurea, et mappula ejusdem operis, cujus praependiculum quidam de monachis subripuit et abscondit, quod et adhuc ibi habetur valde pretiosi operis.

[67] Nappus (Napf) ist ein Gefäß zum Waschen, Waschbecken. Ducange s. v. Nappus. Tom. IV. p. 600. — Ueber Kämme, als zu den Requisiten der Sakristei gehörig, s. die Stellen bei Ducange unter dem Worte Pecten. T. V. p. 165. Die Abbildung eines elfenbeinernen Kammes des h. Ulrich mit der Darstellung einer Kampfscene zweier Krieger, wovon der eine zu Pferd, gibt Sighart a. a. O. S. 108. Derselbe hält den Kamm wegen dieser Darstellung für eine antike Arbeit. Es ist dieß aber wohl dieselbe typische Darstellung, welche an Kirchenfaçaden, besonders in Frankreich vorkommt (ein Reiter mit einer unter dem Pferd liegenden Figur), von zweifelhafter Auslegung, wovon Caumont Bullet. monum. VI. 335. XI. 497 handelt, wie Schnaase a. a. O. IV. 2. S. 330 anführt. — Ueber das Geschenk Bischofs Adalbert nach St. Gallen. S. Sighart S. 45. — Scutella, Schüssel, wie man sie jetzt gebraucht, um die Kännchen mit Wein und Wasser darauf zu stellen; man gebrauchte ehemals aber auch Schüsseln bei dem Austheilen der Communion. Ducange s. v. scutella. T. VI. p. 141. — Cochlearia: außer dem auch jetzt fortdauernden Gebrauch eines kleinen Löffels bei der Celebration der Messe, gebrauchte man in früheren Jahrhunderten auch Löffel zum Austheilen der Communion. Ducange s. v. cochlear. II. 400. Gerbert Vet. liturg. T. I. p. 227. — Candelabra (Cereostata), Leuchter mit Wachskerzen, die man aber damals noch nicht auf den Altar stellte, sondern neben den Altar, oder die von den Ministranten getragen wurden. S. Laib und Schwarz, Studien über den Altar, S. 40 und 62, woselbst ausführlich über den ganzen Licht- und Beleuchtungs-Apparat in den alten Kirchen gehandelt wird. — Dorsalia s. Ducange s. v. II. 929. — Mensalia, die auf der mensa des Altars aufzulegenden Leinwandtücher, sonst mappae, linteamenta genannt. Das oberste dieser Leinwandtücher wurde im Mittelalter mit Stickereien von Figuren in weißem Faden verziert. S. darüber Laib und Schwarz, Studien, S. 36, an welcher Stelle über die Altartücher und über das Corporale ausführlich gehandelt wird. — Mantele, Handtuch, ohne Zweifel von besonders kunstreich gewebter Leinwand. — Scyphus, nach

dem classischen Sprachgebrauch ein Trinkgefäß; hier aber das Gefäß für eine Oellampe.
— Stola aurea, Stolen aus Goldstoff oder mit Goldstickerei bedeckt. Das Mittelalter besaß und übte bis in das 15. Jahrhundert eine besondere Kunst, zum Weben vorzüglich geeignete Goldfäden herzustellen, welche sich seitdem verloren hat und bisher trotz vieler Versuche nicht wieder aufgefunden worden ist. S. darüber Fr. Bock, Geschichte der liturgischen Gewänder, S. 48. — Mappula, was wir jetzt Manipel nennen, ursprünglich ein um den Unterarm gebundenes Tuch von Leinwand, um sich den Schweiß abzutrocknen (sudarium), welche Bestimmung aber durch andere kostbarere Stoffe, die man an die Stelle der Leinwand setzte, schon in dieser Zeit des 10. Jahrh. vergessen war. Die hier genannte Manipel war aus gleichem Stoffe wie die Stola. Unter den im Texte angeführten Geschenken des Bischofs Adalbero von Augsburg für St. Gallen wird gleichfalls eine Stola und Mappula aus Goldstoff genannt. Ueber Mappula s. Ducange s. v. T. IV. 268 und Gerbert, Vet. liturg. I. 237. 240.

[70] Chron. Petr. II. 16. p. 133.
[71] Chron. Petr. II. 17. p. 133.
[72] Chron. Petr. II. 23. 24. p. 134. 135. Die neuern Ortsnamen sind hier und weiter oben nach Mone beigesetzt.
[73] Bemerkenswerth sind die gemalten Bildnisse bei der Grabstätte, die sonst nicht gewöhnlich sind. Die Inschriften werden im Texte mitgetheilt. Die erstere ist:

                Hic jacet Eppo bonus de Sancto monte patronu
                Majl quindenis est mortuus ipse Kalendis.
Die andere: Istic tuta malis jacet ejus conlateralis.
                Illa kalendis senis est tumulata Decembris.

Die Grabschrift auf Hermann und Perhterad ist folgende:

                Perhterat aetherii Herimannque perennia regni
                Petri suscipite precibus bona Gregoriique.
                Vos et vestra decens post debita sabbata pestes
                Istinc octavam speratis adire beatam.

[74] S. Archiv für die Erzbiöcese Freiburg I. Bd. S. 353.
[75] Chron. P. III. 7. p. 141. Et quia chorus erat brevis, quoniam gradus, per quos in sanctuarium ascendebatur, locum occupabant, gradus diminuit lapidum et numerum ampliavit canentium, et lapides abstulit atque homines pro eis in locum eorum constituit. chorum quippe sanctuario poene coaequavit, uno tantum gradu sanctuario supereminente, atque ita in choro stantibus locum dilatavit, impleto in hoc loco, quod scriptura in persona Israel et ecclesiae domino dicit: quoniam locus mihi angustus est et dominus benedixit me, da mihi spaciosa ad manendum loca.
[76] Chron. P. III. 8. p. 141—13. p. 142.
[77] Chron. P. V. 51. p. 169.
[78] Chron. P. VI. 13. p. 171.
[79] Chron. P. V. 1. p. 161. Cum jam ipsa basilica tam ex antiquitate quam ex fundamenti fragilitate undique per rimarum scissuras jam jamque casum minaretur, venerabilis abbas Conradus adhortatione Hugonis Constantiensis ecclesiae canonici eam renovare aggressus est. Ex culmine quippe, quod ex occidentali parte in pinnam subrectum est, vis tempestatum caementum omne prorsus elueret et saxa nudata sua nigredine deforme et horrendum omne aedificium ostendebant. Hoc itaque primum renovare aggressus novam et majorem

fenestram fecit, in qua Wernherus vitrarius, ejusdem monasterii famulus, vitream
fenestram de suo collocavit. Superius autem in eodem pariete alias duas fene-
stras ex utroque latere constituit, ubi prius duae parvissimae et rotundae habebantur. Scissuras quoque et cavernas novo caemento perliniuit et picturas,
quibus antiquitas decorem abstulerat, delevit et per totum dealbavit. Vetus
etiam altare destruxit, quod erat parvulum et cavum, nihil in se habens sa-
crarum reliquiarum secundum morem ecclesiasticum, sed tantum ex quinque
quadris lapidibus compaginatum, et ipse aedificavit novum, majus et sublimius.

[80] Sighart, Geschichte der Künste in Bayern, S. 135.

[81] Chron. P. V. 2. 4. 5. p. 161. 2. Fecit quoque abbas Conradus sepulchrum de quadris lapidibus nimis speciosum et super illud altare novum, et
ostium et gradus, per quos ascenditur ad altare et in chorum.

4. Anno a condito monasterio CLII advenit Odalricus episcopus et ex
monasteriis patres septem invitati a Conrado abbate jam saepe dicti monasterii.
Sed et turba clericorum et monachorum aliorumque fidelium adfuit non modica,
et cum immani gaudio et exultatione, cum hymnis et laudibus honorifice trans-
tulerunt ossa et cineres b. confessoris Christi atque pontificis Gebehardi de
loco prioris sepulchri, et in sarchophago posita ambitum monasterii lustraverunt
et postea cum magno honore in novo tumulo condiderunt.

5. De dedicatione altaris s. crucis. In ipsa die, hoc est VI° kal.
Sept., qui est dies natalis ipsius, indict. XII, dedicatum est altare, quod est
supra ipsum tumulum in honore domini nostri Jhesu Christi et sanctissimae
crucis ac genitricis dei Mariae et sancti Gebehardi sanctique Benedicti et alio-
rum sanctorum, quorum reliquiae in eo sunt reconditae.

[82] Chron. P. V. 6. p. 162. Sequenti die dedicaverunt ipsam basilicam in
honorem sanctae trinitatis et victoriosissimae crucis et sanctorum Philippi apostoli, Gregorii papae et Gebehardi episcopi.

[83] Chron. P. V. 8. p. 162.

[84] Salust. Jug. 22. Proxime Hispaniam Mauri sunt; super Numidiam
Gaetulos accepimus. Virg. Aen. VI. 795 super et Garamantas et Indos
Proferet imperium. Hier und an ähnlichen Stellen ist super = ultra. S.
Forcellini s. v.

[85] Chron. P. V. 9. p. 162.

[86] Chron. P. V. 26. p. 165. Anno ab incarnat. dom. MCXLVII Conradus
abbas renovavit partes ecclesiae, et capellam s. Odalrici renovavit et auxit et
optimis picturis adornavit. Dedicavit autem eam Herimannus Constantiensis
ecclesiae episcopus XII kal. Jan. in honore sancti Odalrici episcopi et sanctae
Afrae m., sanctae crucis ac sanctae Mariae.

[87] Chron. P. V. 33. p. 166. His temporibus ingruente inopia nostrates
abstulerunt argentum de columnis propitiatorii et expenderunt illud. Campanum
quoque permaximum satis bonum eisdem temporibus fecerunt. Porticum etiam
ante basilicam novis structuris atque picturis innovarunt.

[88] Chron. P. IV. 29—32. p. 158.

[89] Eine Abbildung der Nürenberger Kapelle bei Sighart, Gesch. der Künste in
Bayern. München 1862. S. 17. Ueber solche Doppelkapellen in Sachsen aus der
romanischen Zeit s. die Zusammenstellung bei Püttrich, Systematische Darstellung.
S. 24. Ueber die Doppelkapelle im Dom zu Konstanz s. Denkmäler des Oberrheins,

I. S. 5. Im Allgemeinen handelt von Doppelkapellen Schnaase, Gesch. der bildenden Künste, IV. 2. S. 123.

⁹⁰ Zu den vielen großartigen Malereien, womit das Kloster und die Kirche St. Ulrich bedeckt waren, wie man aus einer alten detaillirten Beschreibung weiß, gehört auch ein Gemälde an der flachen Decke der Kirche, welches Christus auf einem Regenbogen thronend von Heiligen umgeben darstellte. Sighart, Gesch. der bildenden Künste in Bayern, S. 202. Gemalte flache Decke in dem Dom zu Freisingen. Sighart S. 129. Michaelskirche zu Hildesheim. Lübke, Vorschule, S. 188.

⁹¹ Chron. P. V. 29. p. 158.

⁹² Chron. P. IV. 33. p. 159. „Idem ipse Gebino claustrum jam dudum renovaverat, in duobus lateribus novas columnas cum suppositionibus earum de quadro lapide componendo." Darnach ist eine Angabe in den Denkmälern am Oberrhein I. S. 26 zu berichtigen. Gebino war nicht Abt, wie er dort heißt, und diese Säulen werden dem claustrum, nicht der Kirche (basilica) beigelegt.

⁹³ Chron. P. VI. 11—13. p. 171. 172.

⁹⁴ Bauriß des Klosters St. Gallen vom J. 820. Herausgegeben von Ferd. Keller. Zürich. 1844. Wir geben daraus die am Anfange des erklärenden Textes stehende übersichtliche Andeutung der ganzen Klosteranlage, weil wir uns Petershausen darnach vorstellen können. „Die ganze klösterliche Anlage bildet ein Viereck von ungefähr 430 Fuß Länge und 300 Fuß Breite. Auch die einzelnen Theile derselben, mit Ausnahme der Thürme, einiger Ställe und der Apsiden der beiden Kirchen, sind viereckig. Die verschiedenen Häuser sind durch Zwischenräume oder Gassen von einander getrennt und bieten das Bild eines regelmäßig angelegten, aus etwa 40 Firsten bestehenden Städtchens dar. Die Mehrzahl der Gebäude haben nur Ein Stockwerk; als zweistöckig sind einzig das Schreibzimmer mit der Bibliothek, die Sakristei, die zur Clausur gehörigen Gebäude, die Abtswohnung und zwei Ställe bezeichnet. Fast alle größern Häuser sind in orientalischem Style erbaut, indem sie in ihrer Mitte einen Hof einschließen, nach welchem sich von allen vier Seiten die Dächer absenken. Bei der Clausur, der Novizen-Schule und dem Krankenhause ist der innere Raum von einem Bogengange, beim Armenhaus von Sitzen umgeben. Die Abtswohnung gleicht in ihrem Aeußern einer Basilica mit offenen Seitenschiffen. In der Mitte der Anlage stehen die Kirche und die Clausur, welche theilweise durch eine Hecke von den übrigen Gebäuden abgeschlossen sind. Auf der Nordseite befinden sich das Gasthaus, die äußere Schule, die Abtswohnung, die Wohnung der Aerzte; auf der Ostseite das Krankenhaus und die Novizenschule mit ihren Kirchen, der Begräbnißplatz und zwei Gärten; auf der Südseite die Arbeitshäuser der Künstler, Handwerker und Knechte; auf der Westseite die Ställe. Vgl. Lübke, Vorschule, S. 85.

⁹⁵ Marmor, Topographische Beschreibung von Konstanz.

⁹⁶ Chron. P. V. 47. 48. p. 168.

⁹⁷ Chron. P. V. 42. p. 167.

⁹⁸ Chron. P. V. 43. 44. p. 168.

⁹⁹ Laib und Schwarz, Formenlehre, S. 12—14.

¹⁰⁰ Ducange, s. v. regula, T. V. 675.

¹⁰¹ Ducange, s. v. I. 397. Ed. Didot.

¹⁰² Ducange, s. v. II. 732.

¹⁰³ Ich habe an einer andern Stelle von solchen Doppelklöstern gehandelt. S. Zell's Lioba. Freiburg 1860.

[104] Chron. P. VI. 1. p. 170. Die hier genannte Mathildis ist ohne Zweifel dieselbe, welche einen Sohn im Kloster hatte und sich gegen dasselbe als eine sehr freigebige Gönnerin bewies, wie weiter unten VI. 21. p. 173 erzählt wird.
[105] Chron. P. V. 45. p. 168. VI. 2. p. 170.
[106] Sighart, Gesch. der Künste in Bayern. S. 154.
[107] Chron. P. V. 49—53. p. 168. VI. 3. p. 170.
[108] Calefactorium ist nach Ducange s. v. T. II. 29. 1) ein Gefäß zum Wärmen; 2) ein durch einen Ofen geheiztes Gemach. Nach der Ordensregel war nur ein solches Gemach im Kloster, wohin sich die Mönche begaben, um sich zu wärmen.
[109] Chron. P. VI. 2. p. 170.
[110] Chron. P. VI. 3. p. 170.
[111] Chron. P. VI. 6. p. 170.
[112] Chron. P. VI. 13. p. 172.
[113] Chron. P. V. 14. p. 172.
[114] S. Fiedler in den Annalen des historischen Vereins am Niederrhein. 1866. Heft XVII. S. 58.
[115] Chron. P. VI. 22. p. 173. Anno MCLXX multae calamitates oppresserunt monasterium s. Gregorii, de quibus me taedet amplius aliquid ulterius dicere. Abbas quippe Gebehardus depositus est et locus iste graviter oppressus est et spoliatus.

Anno MCLXXIII locata sunt fundamenta ecclesiae s. Gregorii ab orientali parte.

[116] Tom. III. p. 118. Nr. LXXVIII.
[117] Merian, Topographia Sueviae. Frankfurt 1643. S. 23.
[118] S. Hübsch Altchristliche Kirchen. S. XXXVII.
[119] Püttrich, Denkmale der Baukunst, Schlußheft (Systemat. Darstellung) S. 30. Bl. IX. 42. 44.
[120] Breviar. Feria II. post Dominic. infra Oct. Ascensionis. De Homilia S. Gregorii. Lect. VIII. Redemptor autem noster non curru, non Angelis sublevatus legitur, quia is qui fecerat omnia, nimirum super omnia sua virtute ferebatur. — Ibid. in Octava. Sermo S. Augustini. Lect. V. Dum audis elevatum, agnosce militiae coelestis obsequium.
[121] Nach der Abbildung in Ciampini Monum. vetera I. T. XVIII. 13. p. 47.
[122] Ciampini I. Tab. XX. T. pag. 49.
[123] Schnaase, Gesch. der bildenden Künste, IV. 2. S. 473.
[124] Lorain Essai historique sur l'Abbaye de Cluny. Dijon 1839. p. 8. Die Abbildung des Elfenbeindeckels gibt Heideloff, Die Kunst des Mittelalters in Schwaben. Stuttgart 1855. S. 33.
[125] Man vergl. die bei Schnaase IV. 2. S. 519 angeführten Sculpturen aus dem XII. Jahrhundert, sowie die von Sighart a. a. O. S. 186. 187 aufgezählten und theilweise abgebildeten Kirchenportale und die Zusammenstellung einer Reihe von Kirchenportalen aus Sachsen aus dem XII. Jahrhundert bei Püttrich, Denkmale. Letztes Heft (Systemat. Darstellung) S. 26. Abbild. Bl. X.
[126] Schnaase, Gesch. der bildenden Künste, IV. 2. S. 34. Ueber Gebino Chron. P. IV. 32. 33. Ueber Konrad VI. 13.
[127] Mone, Quellens., I. 175 und in der Schrift des Herrn von Krieg S. 22.

Die bildlichen Darstellungen der Himmelfahrt Christi

vom sechsten bis zum zwölften Jahrhundert.

Von

Professor C. P. Bock.

Bei der Betrachtung der Portalsculpturen der Abteikirche von Petershausen drängte sich mir die Ueberzeugung auf, daß, wenn auch die Ausführung der dafür gewählten Darstellung in mehrfacher Beziehung sich losringt von der beschränkenden Ueberlieferung der früheren Bildnerei, dennoch der Zusammenhang mit den Mustern älterer Zeit und insbesondere mit den frühen Schöpfungen der christlich-morgenländischen Kunst nicht verkannt werden darf. Das Ganze der Composition und manche bemerkenswerthe Einzelnheit, namentlich die von der biblischen Quelle nicht gerechtfertigte Einführung der heiligen Jungfrau in den Kreis der dem gen Himmel fahrenden Heiland nachschauenden Apostel, die Darstellung der ersteren als eine mit verhülltem Hinterhaupte und aufgehobenen Armen Betenden — wie sie bei morgenländischen Kunstwerken seit der frühesten Periode gewöhnlich, im Abendlande bei manchen Mosaikbildern adoptirt, nachmals aber aufgegeben war — schienen die Schlußfolge zu rechtfertigen, daß das fragliche Sculpturwerk als der Ring einer Kette zu betrachten sei, deren erste Glieder über die Grenzen des Abendlandes und über die Zeit der mittelalterlichen Kunst hinausliegen. Ich fand mich dadurch veranlaßt, den Spuren dieser interessanten Kunstüberlieferung nachzugehen; wenn die auf den folgenden Blättern niedergelegte Untersuchung nicht unmittelbar den Zwecken dienstbar erscheinen sollte, welchen das Freiburger Diöcesan-Archiv gewidmet ist, so bietet sie dennoch ein Interesse dar, welches die Erforschung der vaterländischen Kunstgeschichte gewiß nicht verkennen wird, indem sie die Grundlagen der mittelalterlichen Kunstübung bei einem speciellen Gegenstand näher nachweist und zugleich dazu beitragen wird, das Verdienst der sinnigen Anwendung und der selbstständigen Fortbildung des Ueberlieferten zu würdigen.

Fragen wir nach dem ältesten Vorkommen der Darstellung der Himmelfahrt, so ist eine solche vor dem Zeitalter des christlichen Kaiserthums nicht nachweisbar. Münter hat den Cyclus der biblischen Geschichten zusammen gestellt, welche in den Katakomben und den ältesten christlichen Kirchen sich vorfinden, und bemerkt: „Weder die Kreuzigung, noch die Grablegung, oder die Auferstehung und Himmelfahrt des Herrn, und nichts, was sich nach der Auferstehung begab, sind in demselben begriffen"[1].

Seitdem diese Bemerkung niedergeschrieben wurde, ist ihre Richtigkeit durch keine neuere Wahrnehmung widerlegt worden. Freilich behauptet Johannes von Damaskus in seinem Briefe an den Kaiser Theophil[2], bereits von Konstantin dem Großen seien Darstellungen aus dem Leben Christi in den Kirchen angebracht worden, und unter diesen nennt er auch die Leidensgeschichte, die Auferstehung und die Himmelfahrt des Herrn. Bilder aus hohem Alterthum hatte der angeführte Schriftsteller gewiß vor sich. Die Richtigkeit der Zeitbestimmung haben wir allen Grund zu bezweifeln.

Die erste bekannte Darstellung der Himmelfahrt kömmt in dem Bildercyclus vor, womit der Bischof Marcianus von Gaza, ein Zeitgenosse des Kaisers Justinian, die von ihm erbaute Kirche des Martyrers Sergius ausschmückte und worüber uns der gleichzeitige Redner Choricius Nachricht ertheilt[3].

Nach einer Nachricht, welche die Lebensbeschreibung des hl. Stephanus des Jüngern[4] mittheilt, ließ Konstantin Kopronymus in der Blachernen-Kirche zu Konstantinopel eine Reihenfolge von Bildern zerstören oder übertünchen, welche die Geschichte des Heilandes von seiner Geburt bis zur Himmelfahrt und der Ausgießung des hl. Geistes darstellten. Sieht man diesen Bericht, als dessen Verfasser Simeon Metaphrastes gilt, als einen zuverlässigen an: so steht nichts im Wege anzunehmen, daß die genannte Kirche gleich nach ihrer Erbauung durch Justinian mit dieser Bilderreihe ausgeschmückt wurde.

Ueber die Art und Weise der Behandlung des Gegenstandes bei den angeführten Kunstwerken ist uns nichts Näheres überliefert.

Wenn die im Schatze der Kathedrale von Monza aufbewahrten Erzgefäße, welche mit Oel von den in der heiligen Grabkapelle zu Jerusalem brennenden Lampen gefüllt waren, wirklich von Papst Gregor I. an die Longobardenkönigin Theodolinde geschenkt worden wären — was jedoch nach sorgfältiger Betrachtung und Erwägung mir durchaus zweifelhaft erscheint — so hätten wir auf einem der Reliefs, womit dieselben geschmückt

---

[1] Sinnbilder und Kunstvorstellungen der alten Christen. Altona 1825. Vergl. Raoul-Rochette, Tableau des catacombes de Rome. Bruxelles 1837. p. 273.
[2] Opp. ed. Le Quien. T. I. p. 630.
[3] M. f. Choricii Gazaei orationes declamationes curante Jo. Fr. Boissonade. Parisiis 1846. p. 98. Der Bischof Marcianus wohnte im Jahre 536 der Synode zu Jerusalem an.
[4] Analecta graeca. T. I. p. 414.

sind, die älteste erhaltene Darstellung der Himmelfahrt von einem byzantinischen Künstler. Daß diese Gefäße nicht im Abendlande gefertigt wurden, wird nicht bloß durch die Inschriften, sondern auch durch das byzantinische Gepräge gezeigt, welches den Bildwerken aufgedrückt ist [1]. Weit sicherer wird uns aber die früheste Darstellungsweise vorgeführt durch eines der Miniaturgemälde, womit eine aus einem Kloster zu Zagba in Mesopotamien stammende, dermalen in der Bibliothek von St. Lorenzo zu Florenz aufbewahrte Evangelienhandschrift geziert ist. Die Handschrift gehört nach der Ausführung Assemani's in das Jahr 586 [2]. Christus ist dargestellt, wie er auf einem feurigen Wagen gen Himmel fährt; der obere Theil des Wagens bildet eine Mandorla, welche von zwei geflügelten Engelgestalten emporgetragen wird; oben in den Ecken sieht man die Bilder der Sonne und des Mondes. Der untere Theil stellt die flammenden Räder des Cherubimwagens dar, von dessen Mitte sich ein zweifaches mit Augen übersätes Flügelpaar ausbreitet, aus welchem die bekannten symbolischen Darstellungen der Evangelisten hervortreten. Christus selbst ist aufrecht stehend gebildet, bärtig, mit gescheiteltem, auf die Schultern herabwallendem Haupthaar, die Rechte, wie es scheint, zum Segnen emporhebend, mit der Linken eine Buchrolle — das Evangelium — haltend; neben dem Wagen schweben zwei andere Engelgestalten, welche auf ihren mit einem Tuch überdeckten Händen Siegeskronen gegen den Heiland emporhalten. In dem untern Felde steht in der Mitte die heilige Jungfrau, welche beide Arme betend emporhebt; auf beiden Seiten je 6 der Apostel mit dem Ausdruck des höchsten Erstaunens in unterschiedlichen bewegten Stellungen, welchen, dem Berichte der heiligen Schrift gemäß, zwei als Himmelsboten durch die von ihnen gehaltenen Stäbe charakterisirte Engel das wundervolle Ereigniß zu deuten scheinen. Auf diesem Gemälde nehmen wir zwei Abweichungen von der biblischen Erzählung wahr. Zuerst nämlich wird der Heiland von dem Feuerwagen der Cherubim emporgetragen. Die Veranlassung dazu hat dem Maler einestheils die Stelle Psalm XVII, 11 gegeben, welche sehr häufig in prophetischem Sinne auf die Himmelfahrt gedeutet worden ist, andererseits der feurige Wagen, auf welchem der Prophet Elias gen Himmel fuhr. Diese letztere Scene wiederholt sich häufig auf altchristlichen Denkmalen, wo sie als vorbildlich auf die Himmelfahrt des Herrn zu deuten ist, während, wie gesagt, die Entrückung Christi aus der

---

[1] Frisi Memorie storiche di Monza. 1794. T. I. Tab. IV. V.
[2] M. s. d'Agincourt, Sammlung von Denkmälern der Malerei. Taf. XXVII. Text S. 28.

irdischen Sphäre in der frühsten Periode der christlichen Kunst nicht behandelt wurde. Statt der Quadriga, auf welcher insgemein Elias in die Luft entführt wird, hat der syrische Künstler den Cherubim= wagen gewählt, dessen Darstellung er aus den Angaben des Propheten Ezechiel und der Apokalypse combinirt hat; die Mandorla ist als Licht= sphäre zu fassen, welche den Thronsitz des Herrn umgibt. Durch diese sinnige Composition ist er in den Kreis der biblischen Symbolik getreten; voraufgegangen war ihm, was diese Auffassung betrifft, bereits ein christlicher Dichter Claudian, ein Zeitgenosse des Kaisers Theodosius II.[1]. Die Gebilde der spätern byzantinischen Kunst haben den Cherubimwagen aufgegeben, die Engel aber beibehalten, welche Christum in die Höhe tragen. Ich glaube nicht irre zu gehen, wenn ich an eine Stelle der Rede erinnere, die der heilige Chrysostomus beim Himmelfahrtsfeste sprach, welche diese Auffassung gewissermaßen legitimirt hat. „So arg hat das voraufgegangene Zeitalter an uns gehandelt, daß wir Gefahr liefen, von der Erde selbst verstoßen zu werden. Aber wir, die wir der Erde selbst unwürdig zu sein schienen, sind heute in den Himmel erhoben worden; die wir unwerth waren der Herrschaft hienie= den, sind hinaufgestiegen zu dem Königthum des Himmels; über den Himmel sind wir hinausgegangen, den königlichen Thron haben wir eingenommen und das Geschöpf, um dessen willen die Cherubim das Paradies hüteten, sitzt nunmehr über den Cherubim selbst."

Die andere Zuthat zu der biblischen Erzählung besteht in der Bei= gesellung der hl. Jungfrau zu der Schaar der versammelten Apostel. Wenn man die bewußte Absichtlichkeit erwägt, mit welcher die altchrist= liche Kunst bei ihren Schöpfungen zu Werke geht, so wird man für diese Abweichung von dem Schrifttexte gewiß einen tieferen Beweggrund annehmen müssen. Dieser läßt sich erkennen, wenn wir auf die älte= sten Verherrlichungen Maria's durch die Kunst zurückblicken. Wie Herr Ritter Rossi mit bewährter Meisterschaft neuerdings auseinandergesetzt hat[2], pflegt das christliche Alterthum, wenn es die hl. Jungfrau als betende Matrone darstellt und sie in dieser Gestalt sehr häufig dem guten Hirten an die Seite setzt, dieselbe zugleich als eine Personification

---

[1] Anthologia Palatina I. 19.
Ὄργια δ'εἰδώλων κενεῶν ψευδώνυμα λύσας,
αἰθέρος ἀμφιβέβηκας ἐφ' ἑπτάζωνον ὀχίᾳ,
ἀγγελικαῖς πτερύγεσσιν ἐν ἀρρήτοισι θαάσσων.
Der Verfasser ist, wie Jacobs (Commentar. III. 3. p. 872.) richtig bemerkt hat, der bei Evagrius, Hist. Eccl. I. 19. erwähnte Claudianus.

[2] Roma sotteranea cristiana. T. I. p. 347.

der Kirche aufzufassen. Diese Auffassung ist muthmaßlich auch für den syrischen Urheber der Darstellung der Himmelfahrt maßgebend gewesen. Die Kirche Christi, durch die Mutter des Heilandes repräsentirt, erblickt in der Himmelfahrt die Lösung des Geheimnisses der Menschwerbung, die Erfüllung ihrer überschwenglichen Absicht. Der mehrfach ausgesprochene Gedanke, daß Maria, die den Herrn in's Leben eingeführt, auch die erste Verkündigerin seiner geheimnißvollen Auferstehung gewesen sei, zu deren Begründung abweichend von dem Berichte bei Matthäus (16, 9) angenommen wurde, daß der erstandene Heiland zuerst seiner Mutter sich gezeigt habe, hat hier eine weitere Anwendung auf die Himmelfahrt gefunden. Der christliche Dichter Sedulius, bei welchem wir diese Auffassung antreffen, hat bei dieser Gelegenheit ebenfalls die heilige Jungfrau als einen Typus der Kirche verherrlicht (V, 357 — 365.).

Discedat synagoga, suo fuscata colore,
Ecclesiam Christus pulchro sibi iunxit amore,
Haec est conspicuo radians in honore Mariae:
Quae cum clarifico semper sit nomine mater,
Semper virgo manet; huius se visibus astans
Luce palam Dominus prius obtulit, ut bona mater,
Grandia divulgans miracula, quae fuit olim
Advenientis iter, haec sit redeuntis et index.

Die von dem Bischofe Marcian zu Gaza ausgeführten Bildwerke zeigten an den Wänden der genannten Kirche eine fortlaufende Reihe evangelischer Scenen von der Verkündigung bis zu der Auferstehung; die Himmelfahrt füllte, wie S. 91 und 98 a. a. O. bestimmt angedeutet wird, den Raum der Kuppel aus; in einer unteren Abtheilung standen die Propheten des alten Bundes um die glorreiche Erfüllung ihrer Weissagungen rings umher. Erst aus dem letzten Viertheile des 9. Jahrhunderts vermag ich ein Kunstwerk nachzuweisen, das in eben so großartiger Weise die Himmelfahrt an der Kuppel einer byzantinischen Kirche verherrlichte. Freilich kann das Bildwerk, das ich namhaft machen werde, leicht an die Stelle eines weit älteren getreten sein. Die fragliche Kirche ist die sogenannte Muttergotteskirche des Quells bei Konstantinopel, die bereits von Kaiser Leo I. gegründet, dann aber in herrlicherer erweiterterer Gestalt von Justinian aufgeführt wurde. Die Marienkirche des Quells und die der Blachernen lagen beide unweit der Hauptthore der Stadt, von welchen die beiden in das Abendland führenden Heerstraßen ausliefen: die Blachernenkirche nordwärts nach dem Hafen hin, unweit des Charsianischen Thores; die Kirche des Quells südwärts in geringer Entfernung von dem (ursprünglichen) goldenen Thore. In beiden wurde die heilige Jungfrau als die

Beschützerin der Stadt verehrt. Zu einer größeren Berühmtheit gelangte die erstere seit der Belagerung der Stadt durch die Avaren in den Tagen des Kaisers Heraclius; damals sollte die hier verehrte heilige Jungfrau durch unmittelbaren Schutz Konstantinopel vor dem drohenden Untergange bewahrt haben; viele andere Marienkirchen entlehnten den Namen von dem Heiligthum der Blachernen. Der wichtige Einfluß, welchen die Construction der Blachernenkirche auf zahlreiche Kirchenbauten auch des Abendlandes geübt hat, ist von der Kunstgeschichte noch keineswegs gewürdigt worden. Eine nähere Beschreibung der Muttergotteskirche des Quells findet sich in der Kirchengeschichte des Nicephorus Callistus; derselbe Verfasser hat aber auch eine eigene Schrift[1] dieser Kirche gewidmet, welche, wenn man die zerstreuten Angaben anderer byzantinischen Quellen hinzunimmt, uns in den Stand setzt, ein ziemlich vollständiges Bild sowohl von der Anlage, wie von der Ausschmückung dieses Baues zu gewinnen. Hier genügt es anzuführen, daß die Anlage desselben im Wesentlichen mit der der erhaltenen, gleichzeitigen Kirche St. Sergius und Bacchus in Konstantinopel übereinstimmt. Die Außenmauern bilden ein Quadrat; die Kuppel, welche das Mittelschiff überragt, erhebt sich auf einer Reihe von Pfeilern mit dazwischengestellten Säulenarkaden. Durch ein Erdbeben, das sich im Jahr 869 ereignete, stürzte diese Kuppel zusammen, wurde aber bald hernach während der Zeit, wo Kaiser Basilius der Macedonier in Gemeinschaft mit seinen beiden Söhnen Konstantin und Leo regierte, also zwischen 870 und 879, wieder aufgeführt. Es wurde aber bei dieser Restauration die flache Wölbung, wie sie den Kirchen aus der Zeit Justinians eigen ist, verlassen; der neuen Kuppel wurde eine halbkreisförmige Gestalt gegeben, und der untere Theil des Gewölbes wurde durch eine senkrechte, von Fenstern durchbrochene Erhöhung verstärkt. Das Innere der Kirche wurde aufs Prächtigste durch eine Anzahl von Mosaikgemälden auf Goldgrund ausgeschmückt; die Inschriften, welche diesen Gemälden beigegeben waren, von einem Magister Ignatios verfaßt, sind uns, aber nur zum Theil, in der griechischen Anthologie aufbewahrt[2].

Durch diese erfahren wir, daß das hauptsächliche Bild, die Himmelfahrt Christi, den Raum der Kuppel ausfüllte. Diese Darstellung war

---

[1] Von diesem Werkchen, von welchem die k. k. Bibliothek zu Wien eine Handschrift aufbewahrt, ließ ein wallachischer Geistlicher, Ambr. Pamperetus, im Jahre 1802 einen Abdruck veranstalten, entführte aber die ganze Ausgabe in seine Heimath, und ließ nur ein einziges Exemplar in Wien zurück. Die Benutzung desselben wurde vor einigen Jahren mir huldreich gestattet.

[2] I. 109—115.

mit besonderer Absicht gewählt; es wurde nämlich — wenigstens seit der Epoche dieser Restauration — das Fest der Himmelfahrt jährlich in glänzender Weise in der Muttergotteskirche des Quells begangen [1]. Die angeführte Inschrift liefert uns freilich keine näheren Details über die Ausführung des Bildes; mit ziemlicher Sicherheit aber können wir uns dasselbe veranschaulichen, wenn wir ein anderes kirchliches Kunstwerk in Erwägung ziehen, das, wie der Herausgeber Gori [2] aus der Vergleichung mit den Bildern des berühmten Martyrologium des Kaisers Basilius II. und gewiß richtig behauptet, derselben Epoche angehört. Bei dem strengen Festhalten an den gegebenen Typen, welches in der byzantinischen Kunst üblich war, können wir ohne Bedenken unterstellen, daß der musivische Festkalender, welcher um das Jahr 1395 von Konstantinopel nach Florenz gebracht wurde und dort im Schatze der Taufkirche des Doms aufbewahrt wird, uns in allen Einzelnheiten das große Mosaikbild der Muttergotteskirche des Quells vor Augen stellt. Es liegt nicht außer dem Bereich der Möglichkeit, daß bei der Decoration dieses Baues, wie bei den zahlreichen anderen großartigen Denkmalen, welche unter Basilius I. und seinen Söhnen aufgeführt wurden, der Maler Andreas vorzugsweise thätig war, dessen Vater Artavasdes bei einem Ereignisse des Jahres 912 genannt wird. Nach dem Zeugniß der byzantinischen Quellen führte dieser Andreas, der als ein neuer Apelles gepriesen wird [3], seine Kunst auf den Gipfel der Vollkommenheit. Wenn sein Ruhm auf seiner Theilnahme an den Kunstbestrebungen der macedonischen Dynastie gegründet war, so dürfen wir auch die Fixirung des Typus für die Darstellungen der Himmelfahrt auf ihn zurückführen. Der florentinische Festkalender zeigt uns wenigstens annähernd den Grad der Ausbildung, welchen die oströmische Kunst im letzten Viertel des 9. Jahrhunderts zu erreichen vermochte. Eine aufmerksame Betrachtung dieses uns leider in ganz unvollkommener Weise mitgetheilten Denkmales läßt uns doch in mancher Beziehung die Auszeichnung nicht verkennen, welche diesem sinnreich erdachten, mit großer Lebendigkeit ausgeführten Bildercyclus nicht abzusprechen ist [4].

[1] M. f. Leo Diac. IV. 7. Zonar. XVI. 27. Constantin. Porphyrog. De Cerimon. aulae byzant. I. 18.
[2] Thesaurus veterum diptychorum. Florent. 1759. T. III. p. 307.
[3] Theophan. continuat. Lib. VI. p. 381. sq. Cedren. T. II. p. 278. ed. Bonn. Hamartol. Lib. V. p. 799. ed. Muralto. Andreas mag ein Abkömme jenes Artavasdes gewesen sein, welcher im Jahre 742 gegen seinen Schwiegervater, Konstantin V., sich empörte und den unterdrückten Bilderdienst auf kurze Zeit wiederherstellte.
[4] Man darf wohl annehmen, daß in ganz übereinstimmender Art die Darstellung

Auf dem Bilde, welches die Himmelfahrt darstellt, nimmt Maria die Mitte der unteren Abtheilung ein. Die Tunika ist leicht aufgeschürzt, die beiden Arme sind zum Gebet aus dem auf der rechten Schulter durch eine Schnalle zusammen gehaltenen Mantel hervorgestreckt. Rückwärts neben die heilige Jungfrau gestellt, reden die Engel zu den beiden, von lebhafter Aufregung ergriffenen Gruppen der Apostel; von den letzteren ist keiner durch ein besonderes Abzeichen kennbar gemacht; nur der rechts vom Beschauer Vorangestellte hält ein Buch, welches die vom Heilande überlieferte, jetzt vollständig enthüllte Lehre andeutet. Die beiden Oel=
bäume, die man im Hintergrunde erblickt und die auf den späteren Dar=
stellungen der Himmelfahrt durchgehend wiederkehren, weisen freilich auf die Lokalität der Scene hin. Es mag aber auch dadurch die symbolische Bedeutung des Ortes hervorgehoben sein, welche auch der Dichter Arator gefeiert hat (de actibus App. 1, 27 ff.):

     Coelum petiturus olivae
  Progreditur lustrare nemus, quia germine sacro
  Luminis et pacis locus est; vult inde reverti,
  Unde creaturam, signata fronte micantem,
  Divinus commendat odor, cum desuper unctos
  Abluit interius Christi de nomine chrisma.

Die Glorie, in welcher der die beiden Hände segnend ausstreckende Heiland in der oberen Abtheilung sitzend erscheint, wird von zwei Engel=
figuren gehalten. Uebersehen wir die Darstellungen dieses Werkes, so erblicken wir bei denjenigen, in Betreff deren wir eine nähere Vergleichung mit den Werken der früheren Epochen anzustellen im Stande sind (was namentlich bei Erweckung des Lazarus der Fall ist), ein treues Festhalten an dem aus ferner Vorzeit Ueberlieferten, zugleich aber eine glückliche Aus=
bildung desselben, sowohl bei der sinnigen Gliederung der Kompositionen wie bei der freieren Behandlung der Einzeltheile, der affektvollen Haltung

---

der zwölf Hauptfeste an den mit Silber geschmückten Thüren der Muttergotteskirche des Erzmarktes ausgeführt waren, welche auf Befehl Kaisers Alexius des Komnenen eingeschmolzen wurden. M. s. Tafel. Annae Comnenae supplementa historiam ecclesiasticam Graecorum saeculi XI et XII spectantia. Tübing. 1832. Eine Darstellung der zwölf Hauptfeste der griechischen Kirche auf einer Tafel von Buchs=
baumholz, welche der beigefügten Inschrift zufolge dem 13. Jahrhundert angehört, wird auf der öffentlichen Bibliothek zu Grenoble aufbewahrt und ist von Cham=
pollion=Figeac (Magasin encyclopédique, 1811. S. 211 ff.) herausgegeben worden. Daß der fragliche Festcyklus in dem byzantinischen Reiche vor dem Ablaufe des 8. Jahrhunderts festgestellt war, schließe ich daraus, daß die sechs unbeweglichen Feste desselben in dem zu Konstantinopel, wie der Herausgeber nachweist, um das Jahr 790 abgefaßten Kalender (Kalendarium Ecclesiae Constantinopolitanae cura St. A. Morcelli Romae 1788. T. I. p. 9. sqq.) bereits verzeichnet sind.

der Figuren wie bei dem Faltenwurf der Gewandung. Da wohl kein neuer Gegenstand aus der biblischen Geschichte in den Kreis der Kunst eingetreten war, so gilt diese Bemerkung von den sämmtlichen Bildern; in Betreff der Himmelfahrt nehmen wir noch einen bestimmten Zusammenhang mit der ältesten christlichen Kunst wahr. Die kreisförmige, von zwei Engelfiguren gehaltene Glorie ruft den von zwei Victorien gestützten Schild in's Gedächtniß, wovon auf zahlreichen antiken Denkmälern die Brustbilder gefeierter Persönlichkeiten eingeschlossen sind; — eine Art und Weise der höchsten Verherrlichung welche bereits um die Mitte des IV. Jahrhunderts auf den Heiland angewendet wurde, wie man auf dem im Jahr 357 zu Ehren des Kaisers Konstantius gefertigten Diptychon sieht, wo innerhalb des Schildes das Brustbild Christi, der die Rechte segnend erhebt und in der Linken ein Kreuz hält, dargestellt ist [1].

Unter den zu Florenz aufbewahrten Kunstschätzen befinden sich zwei Elfenbeinschnitzereien — die eine ein Diptychon, welches von Gori dem Anfang des 11. Jahrhunderts zugeschrieben wird, das andere der Deckel eines Evangelienbuches, der demselben Gelehrten zufolge noch auf ein höheres Alterthum Anspruch machen dürfte [2] — welche beide mit einer Darstellung der Himmelfahrt geschmückt sind. Das Diptychon bekundet sich durch seine Inschriften als eine byzantinische Arbeit. Das fragliche Bild auf demselben kann als eine vereinfachte Wiederholung des in dem besprochenen Festkalender uns vorliegenden Musterwerkes gelten; des beschränkten Raumes wegen wurden die die Apostel belehrenden Engel und die Oelbäume weggelassen. Das andere Denkmal, dessen rohe ungeschickte Ausführung den Vergleich mit den gleichzeitigen griechischen Arbeiten nicht aushält, läßt sich nur als eine freiere Nachahmung der überlieferten Muster betrachten; es steht gleichsam an der Grenze der selbstständigeren Behandlung, die sich, wie wir sehen werden, im Abendlande Bahn gebrochen hatte. Mehrere unter den Aposteln tragen Bücher; Petrus ist durch den Schlüssel kenntlich gemacht; die mit den Aposteln verkehrenden Engel sind weggelassen; vier Bäume bezeichnen den Oelberg; vier Engel umschweben den auffahrenden Heiland.

Das Mosaikbild an der Kuppel der Marienkirche des Quells, welchem ich in Betracht der hierher gehörigen Bildwerke eine vorzügliche Bedeutung beilegen zu dürfen glaube, hat seinen Einfluß besonders auf die-

---

[1] M. s. Piper, Mythologie und Symbolik der christlichen Kunst. Bd. I. Abthl. I. S. 73.
[2] Gori Tab. XXVII. p. 281. — Ebendas. Tab. VII. p. 38. d'Agincourt Denkm. der Sculptur Taf. XII. Nr. 26.

jenigen Darstellungen ausüben müssen, welche an den Kuppeln anderer Kirchen in dem byzantinischen Reich ausgeführt wurden. Der Spanier Ruy Gonzalez da Clavijo, der von dem König Heinrich III. von Kastilien im Jahr 1403 als Gesandter an Timur geschickt wurde und auf dieser Reise sich in Konstantinopel umsah, macht uns in seinem Berichte mit einem die Himmelfahrt darstellenden Mosaikgemälde bekannt, welches die Kuppel der Kirche des heiligen Georg ausschmückte [1]. Es ist die Kirche beim Palaste Mangana gemeint, welche Kaiser Konstantin Monomachos (1042—1054) auf das Herrlichste erbaute und verzierte. Leider hat der genannte Reisende das erwähnte Kunstwerk nicht näher beschrieben; ein anderes Mosaikgemälde von gleichem Inhalte ist noch heute an der Kuppel der Sophienkirche zu Thessalonich, jedoch mit argen Beschädigungen erhalten.

Eine Ueberlieferung, deren Cousinery gedenkt, macht freilich den Kaiser Justinian zum Erbauer dieser Kirche [2]. Das Mosaikgemälde möchte ich aber keineswegs in ein so hohes Alterthum hinaufrücken. Es gehört in den Kreis derjenigen Werke, welche dem Mönche Dionysios, dem Verfasser des Handbuchs einer christlichen Ikonographie, welches Durand und Didron herausgegeben haben, zunächst vor Augen schwebten, und deren Darstellungsweise er seinen Lesern zur Beachtung empfahl. Ich schließe dieses aus dem Umstande, daß Dionysius angibt, die betreffende Stelle der Apostelgeschichte (1, 11.) solle dem Bilde beigesetzt werden, was zu Thessalonich wirklich geschehen ist [3], aber bei keiner der bekannt gewordenen älteren Darstellungen vorkommt.

Aus dem letzten Viertheile des XI. Jahrhunderts besitzen wir noch an den zu Konstantinopel (nach) 1070) gefertigten Erzthüren der Paulskirche zu Rom eine Darstellung der Himmelfahrt, welche von den älteren nur darin abweicht, daß die zwischen den beiden Engeln gestellte hl. Jungfrau die Arme nicht mehr betend gen Himmel ausbreitet. Dieselbe Haltung ist ihr auch auf anderen Bildern derselben Periode geliehen. Zwei schwebende Engel halten das Fußgestell, auf welchem die Füße des Herrn ruhen [4].

Noch haben wir die bildliche Darstellung der Himmelfahrtsscene anzuführen, welche in einer auf der kaiserlichen Bibliothek zu Paris auf-

---

[1] Historia del Gran Tamorlan e itinerario y relacion de la embascada qui Ruy Gonzales de Clavijo le hizo . . . Madrid 1782. p. 61.
[2] Voyage de la Macedoine. Vol. I. p. 44.
[3] Die Inschrift hat Kirchhoff in dem Corp. Inscriptt. Graecc. (Tom. IV. nr. 8936.) unter denjenigen abdrucken lassen, deren Zeitalter nicht näher bestimmbar ist.
[4] d'Agincourt, Sculpturen. Taf. XV. 13.

bewahrten, dem 12. Jahrhundert angehörigen Handschrift der Homilien des Mönches Jacobus vorliegt. Dieß Miniaturgemälde, welches d'Agincourt nach einer Durchzeichnung veröffentlicht hat [1], zeigt uns einen ansehnlichen Kirchenbau mit einer großen Kuppel und vier kleineren umher; die Abbildung muß jedoch als eine mehr malerische als architektonische bezeichnet werden. Den Unterbau der Façade sieht man durch vier, in der Mitte mit Knotenverflechtungen (wie sie auch bei Bauwerken in dem Menologium Basilius II. vorkommen) verzierten Säulen in drei Felder getheilt, von welchen das größere mittlere eine Darstellung der Himmelfahrt umschließt, die zwar wesentlich an die älteren Vorbilder sich anlehnt, jedoch einige beachtungswerthe Neuerungen zeigt. Die Mandorla, innerhalb welcher der Heiland thront und welche von vier Engeln gehalten wird, ist nicht mehr halbkreisförmig, sondern aus zwei sich durchschneidenden Kreissegmenten gebildet, was auch schon auf dem Diptychon zu Florenz zu bemerken ist. Die heilige Jungfrau steht nicht, wie früher, das Antlitz dem Beschauer zuwendend, mit ausgebreiteten Armen in der Mitte der Apostel, sondern ist seitwärts mit zusammengelegten Unterarmen und mit gefalteten Händen an die Spitze der zur linken Seite befindlichen Gruppe gestellt. Nur die Anwesenheit Maria's bei dem wundervollen Ereignisse ist festgehalten worden. Der Gedanke, welcher, wie ich oben vermuthete, die älteren Künstler bestimmte, die heilige Jungfrau in einer so ausgezeichneten und feierlichen Weise hervorzuheben, ist dem Maler des 12. Jahrhunderts nicht mehr gegenwärtig gewesen. In den zum Heiland emporschauenden Heiligenfiguren, welche man in den beiden Seitenbogen erblickt, erkenne ich nach den zwar mühsam aber sicher zu entziffernden Inschriften der Buchrollen, welche sie vorzeigen, den König David und den Propheten Jesaias. Man liest nämlich auf der Rolle des Letzteren die Worte (Jes. 63, 1.): $Τίς\ ο\tilde{υ}τος\ \acute{ο}\ παραγενόμενος\ \grave{ε}ξ\ Ἐδώμ$; Auf der anderen Rolle liest man gleichsam als Beantwortung der aufgeworfenen Frage die Stelle Ps. 46, 6.: $Ἀνέβη\ \acute{ο}\ \vartheta εὸς\ \grave{ε}ν\ ἀλαλαγμῷ$. —

Die gewöhnliche Annahme, daß der abgebildete Kirchenbau auf die Sophienkirche zu deuten sei, scheint mir übrigens ganz unbegründet. Man hat die Wahl, entweder an die Kirche des allwaltenden Christus (Pantocrator), die Grabkirche der Dynastie der Komnenen, zu denken, welche von Johannes Komnenos (1118—1143) unweit von der Grabkirche der früheren Kaiser, der Apostelkirche, aufgeführt war, und welche, was die äußere Herstellung und die Ausschmückung betraf, mit dem älteren Man-

---

[1] Abbildungen zur Malerei Taf. LI.

solenm wetteiferte und womit eines der bedeutendsten Klöster der ost‑römischen Hauptstadt verbunden war, oder an die von dem Kaiser Alerius glänzend erneute Kirche der Apostel Petrus und Paulus (bei dem Orpha‑notrophium), welche, wie ich anzunehmen Grund habe, ebenfalls durch einen fünffachen Kuppelbau ausgezeichnet war [1].

Ob ein wirkliches Mosaikgemälde wiedergegeben ist, welches — wie das großartige Mosaik am Aeußern des Doms zu Spoleto, angefertigt im Jahr 1207 — eine Façade der Kirche schmückte, oder ob das im In‑nern, etwa an der Kuppel, angebrachte Hauptbild veranschaulicht ist, wird sich nicht entscheiden lassen. Jedenfalls ist das Original, das dem Maler vorlag, nur abkürzungsweise wiedergegeben, was schon die verminderte Zahl der Apostel anzeigt. David und Jesaias standen vermuthlich an der Spitze der in einem unteren Felde dargestellten Schaar der übrigen Propheten.

Diesem Erzeugnisse der Malerei tritt in ganz ebenbürtiger Weise ein Sculpturwerk an die Seite, welches zu den bedeutendsten Schätzen der Kunst‑ und Alterthumssammlung zu Stuttgart gehört und welches neuer‑dings mit einer trefflichen Erläuterung des Herrn Prof. Fr. Müller veröffentlicht worden ist [2].

Dasselbe besteht aus zwei geschnitzten Elfenbeinplatten, welche einem Reliquienkasten aus Holz eingelegt sind. Die Vergleichung mit dem eben besprochenen Miniaturbilde läßt die — durch keine äußeren Gründe unterstützte — Meinung, welche dieß Kleinod dem 11. Jahrhundert zu‑schreibt, als durchaus gerechtfertigt erscheinen. „Die Hauptdarstellung des Kästchens (Taf. IX., Fig. 1.) zeigt" — wie Hr. Prof. Müller be‑richtet — „im oberen Theile, von zwei Engeln umschwebt, die Gestalt des verherrlichten Erlösers, der in einer von zwei schwebenden Engeln gehal‑tenen Mandorla auf dem Regenbogen thront, die Rechte segnend erhoben, mit der Linken das Buch des Lebens haltend, und in dem, die Hälfte des ganzen Deckels einnehmenden unteren die unter vier Oelbäumen um die

---

[1] Die Lebenszeit des Mönches Jacobus, während welcher die Abschrift seiner Homilien noch abgefaßt worden zu sein scheint, wird durch den Briefwechsel bestimmt, welchen er mit Irene Dukäna, der Gemahlin des Kaisers Alerius Komnenos, unterhielt. Wenn die zu Paris noch handschriftlich erhaltenen Briefe des Jakobus (Fabric. Bibl. Graec. Tab. X. p. 277. sq. 318. T. XI. p. 637.) auch erst während der letzten Lebensjahre der Kaiserin, welche sie unter dem Namen Xene im Kloster verbrachte, geschrieben wurden, so wäre die Bekanntmachung derselben dennoch in manchem Betracht wünschenswerth.

[2] Die Kunst des Mittelalters in Schwaben. Herausgegeben von C. Heideloff. Mit erläuterndem Text von Prof. Fr. Müller. Stuttgart 1855.

Mutter des Herrn versammelten Jünger. Beide, durch eine Inschrift getrennte Darstellungen sind durch den Sinn der in jener enthaltenen Worte aus den Abschiedsreden des Herrn (Joh. 14, 27.) in eine Handlung verknüpft. Eine allgemeine, gleich starke, gleich scharf hervortretende, nur nach den verschiedenen Individuen verschieden motivirte Erregung gibt sich unter den durch die Himmelfahrt des Meisters verwaisten Jüngern kund" u. s. w. Wir sehen auch hier Maria nicht mehr in der Mitte vorwärts schauend, sondern seitwärts gestellt. Wie auf dem Miniaturbilde die Figuren der Propheten dem Hauptbilde beigeordnet sind, so erblickt man auf dem Stuttgarter Werke, auf dem Rand der entgegengesetzten Seite fünf stehende, großartig aufgefaßte und drapirte Figuren mit Schriftrollen in den Händen. In der Mitte, laut Inschrift, David, an seiner Rechten und Linken zwei Propheten, von denen die beiden äußersten durch eine, auf einem ornamentirten Fuß ruhende Tafel mit Inschriften von den anderen getrennt sind. Es ist indessen nur die linke Hand unversehrt geblieben; sie gibt den Propheten zur Rechten Davids die Namen Jeremias und Ezechiel, die zu seiner Linken sollen also wohl Daniel und Jesaias darstellen. Auch die Beifügung der mehrfachen Inschriften halte ich für eine charakteristische Hinweisung auf die vermuthete Entstehungszeit des Kunstwerks.

Es möchte gefragt werden, ob das Mosaikgemälde der Himmelfahrt, welches man zu Venedig in der Markuskirche, und zwar an der Kuppel über der Vierung sieht, nicht auch noch in den Kreis dieser Untersuchung gezogen werden müsse. Da es an allen chronologischen Bestimmungen für die Entstehungszeit der Mosaiken von St. Markus mangelt, deren Ausführung mehrere Jahrhunderte hindurch fortgesetzt wurde, so muß von einer eingehenden Besprechung Abstehen genommen werden, und dieß um so mehr, da eben von dem betreffenden Bilde keine größere Zeichnung vorliegt. Nach dem Urtheil Schnaase's[1] dürfte das Mosaikbild über dem Hauptaltare der Kirche noch dem XI. Jahrhundert angehören, während das der Vierung jünger scheint und die Schwächen des byzantinischen Styles auffallender zeigt. In der Spitze der Wölbung erscheinen die Füße des aufsteigenden Christus auf gestirntem Grunde; im Kreise stehen die heilige Jungfrau nebst den Aposteln und den nach oben hinweisenden Engeln; eine dritte und unterste Reihe bilden zwischen den Fenstern der Kuppel allegorische Darstellungen der Tugenden. Mir scheint der Zusammenhang mit den Schöpfungen der älteren Zeit ein sehr loser zu sein; ich wäre geneigt, einen relativ jüngeren Ursprung anzunehmen, zumal

---

[1] Gesch. der bildenden Künste, Bd. VII. 2. S. 286.

wenn ich die Darstellung vergleiche, welche ein dem Anfang des XIII. Jahrhunderts angehöriges Elfenbeinwerk zeigt, das in dem vatikanischen Museum aufbewahrt wird [1].

Wenden wir uns jetzt dem Abendlande zu. Als ein Zeugniß für das frühzeitige Vorkommen von Darstellungen der Himmelfahrt in den Kirchen Roms darf das Schreiben des Papstes Gregor II. an den Kaiser Leo den Isaurer, welches diese Thatsache behauptet, nicht angeführt werden, weil gegen die Aechtheit dieses Briefes die ernstlichsten Bedenken erhoben werden können. Das kleine Gedicht des Papstes Honorius (626—639), welches die Gemüthsbewegungen der einzelnen Apostel bei der Entrückung des Herrn schildert, dürfte wohl durch die Betrachtung eines Bildwerkes veranlaßt sein. Zur Zeit Ludwig des Frommen sah man in der Palastkirche zu Ingelheim in einem fortlaufenden Cyclus biblischer Geschichten auch die Himmelfahrt [2]. Zahlreiche andere Darstellungen, welche seit den Zeiten der Ottonen immer häufiger werden, lasse ich des mangelnden Raumes wegen unerwähnt und beschränke mich darauf, auf diejenigen Denkmale aufmerksam zu machen, welche eine Entwicklungsstufe in der Behandlung des überlieferten Typus bezeichnen. Dazu rechne ich zwei Miniaturgemälde aus der früheren Periode des Mittelalters, welche uns über die Art und Weise der Composition und ihr Verhältniß zu den byzantinischen Auffassungen einen lehrreichen Aufschluß gewähren. Von denselben befindet sich das eine in dem der Paulskirche zu Rom zugehörigen Bibelmanuscripte, welches unbestimmt dem 8. oder 9. Jahrhundert zugeschrieben wird, das andere in dem auf dem Schlosse Chatsworth, einem Landsitze des Herzogs von Devonshire, aufbewahrten Benedictionale, welches auf Befehl des Bischofs Ethelwold von Winchester angefertigt wurde, der diesen Sitz vom Jahr 970—981 inne hatte [3]. Das letztere Denkmal, dessen große kunstgeschichtliche Bedeutung von den ausgezeichnetsten Kennern Deutschlands gewürdigt worden [4] ist, gewährt uns besser, wie jedes anderweitige Hülfsmittel einen tiefen Einblick in des glückliche Zusammenwirken der vielfachen Elemente, aus welchen die Entwicklung der geistigen Bildung des abendländischen Mittelalters entsprossen ist. Die Bilder dieser Handschrift geben — was auch der Herausgeber Gage hervorgehoben hat — Zeugniß von der frommen Ehrfurcht, womit die

---

[1] Abgebildet bei Gori Taf. XXXVIII.
[2] Ermold. Nigell. De reb. gestis Ludov. Pii. Lib. IV.
[3] Herausgegeben sind die Gemälde dieser Handschrift mit einer erläuternden Abhandlung von Gage in dem XXIV. Bande der Archaeologia, Londen 1832.
[4] Schnaase, a. a. O., IV. 2. S. 483. Waagen, Kunstwerke und Künstler in England, Thl. II. S. 441.

Erinnerungen der ältesten christlichen Kunst Jahrhunderte hindurch festgehalten wurden; sichere Spuren lassen erkennen, daß die Grundlage, welche die byzantinischen Bemühungen gelegt hatten, noch nicht verlassen war, daß die oströmischen Vorbilder nur in dem Maße aufgegeben wurden, als es die Bedingungen und Anschauungen der Folgezeit gebieterisch erheischten. Dabei macht sich, namentlich in technischer Beziehung, der Einfluß bemerkbar, welchen der Verkehr mit den Klöstern der fränkischen Monarchie ausgeübt hatte. Weiter kommt uns die nachdrückliche Anregung entgegen, welche die durch die Zeitverhältnisse nöthig gewordene Umformung der kirchlichen Disciplin mit sich geführt und welche eine engere geistige Gemeinschaft zwischen der englischen Geistlichkeit und den Benedictinerklöstern in Italien und Gallien vermittelt hatte. Gerade die Darstellung der Himmelfahrt, wobei eine bedeutsame Abweichung von dem byzantinischen Typus eingetreten ist, gibt, zumal wenn wir das entsprechende Bild in der Bibel der Paulskirche vergleichen, Zeugniß davon, daß die Richtung, welche das kirchliche Leben im Großen und Ganzen mit sich fortzog, gleichmäßig auch das Einzelne, anscheinend Geringfügige beherrschte. Wir sehen nämlich auf beiden Miniaturen den Heiland nicht emporgetragen von dem Feuerwagen der Cherubim; dienende Engel stützen nicht mehr, wie auf den älteren Bildern sie es zu thun scheinen, die Lichtsphäre, innerhalb welcher er thront, sondern gleichsam mit starken Schritten durchschreitet, das Raum und Zeit besiegende Kreuzeszeichen in der Hand, der scheidende Christus die irdische Atmosphäre; er bringt hinan zu dem geistigen Himmel, aus welchem die Allmacht des Vaters, durch die ihm entgegengestreckte Hand angedeutet, ihm entgegenwinkt. Das letztere Symbol ist veranlaßt durch Psalm 72, 24 [1]. Die heilige Jungfrau wohnt als Zuschauerin dem erhabensten aller Ereignisse bei; sie steht — wie auf der zuletzt erwähnten byzantinischen Malerei — im Vordergrund der Apostelgruppe, welche links vom Beschauer, also zur Rechten (der Ehrenseite) des Heilandes angeordnet ist. Auf dem Bilde der Bibelhandschrift [2] sind nur die beiden Engel dargestellt, die zu den Aposteln reden; in dem Benedictionale erscheinen neben diesen zwei andere aus der Höhe sich herabsenkend, gleichsam den Heiland bewillkommnend, aber in keinerlei Weise die Auffahrt fördernd. Die Veranlassung, welche den Künstlern für diese Auffassung gegeben war, läßt sich bestimmt nachweisen. Sie liegt in den gewaltigen, alle Kreise des geistigen Lebens be-

---

[1] M. vergl. Odilo Abbat. Cluniacens. sermo VIII. De ascensione Domini salvatoris.

[2] b'Agincourt, Abbildungen zur Malerei, Taf. XLII. 7.

herrschenden Einwirkungen, welche die Anschauungen und Mahnungen des Papstes Gregor I. auf die christliche Welt des Abendlandes und vorzugsweise auf jedwede Thätigkeit der Benedictinermönche ausgeübt hatte. Die von Gregor am Himmelfahrtsfeste gesprochene Homilie hatte auch den Künstlern die einzuhaltende Bahn vorgezeichnet. Es heißt darin: „Auch ist zu beachten, daß wir lesen, Elias sei auf einem Wagen hinaufgefahren. Es sollte nämlich erwiesen werden, daß ein reiner Mensch fremder Unterstützung bedürftig war. Durch Engel nämlich waren jene Hülfsmittel bereitet worden, weil derjenige durch eigene Kraft nicht einmal zu dem Himmel der Luft hinanzusteigen vermochte, den die Schwäche seiner Natur belastete. Unser Erlöser wurde, wie geschrieben steht, nicht von einem Wagen, nicht von Engeln gehoben, weil derjenige, der Alles geschaffen, durch seine Kraft emporgetragen wurde [1]." —

Drei merkwürdige Compositionen, von denen zwei dem XII. Jahrhundert angehören, bei dem dritten aber die Entstehungszeit nicht hinlänglich festgestellt scheint, zeigen entschieden einen von den vorgängigen Darstellungen ganz verschiedenen Charakter. Der byzantinische Typus, der den älteren Bildwerken auch im Abendlande bisher zu Grunde lag, ist dabei nicht bloß modificirt, es erscheint vielmehr die Ueberlieferung des höheren Alterthums ganz abgebrochen und nur schwache Reminiscenzen weisen auf eine nicht eifrig gepflegte Bekanntschaft mit der Vergangenheit zurück. Die Kunstwerke, welche mir vorschweben und welche von einem neuen Gesichtspunkt für die Behandlung der uns beschäftigenden Aufgabe ausgehen, sind: 1) das Bild auf dem Elfenbeindeckel des Sacramentariums von St. Blasien [2], 2) die leider nur durch eine alte Beschreibung uns sehr unvollkommen bekannt gewordene Wandmalerei des Klosters Benedictbeuren [3], 3) das arg verstümmelte Sculpturwerk über dem mittleren Portal der Abteikirche zu Be zelai in Nordburgund. Das Kunstwerk von St. Blasien erleichtert uns das Verständniß der beiden anderen. Die Himmelfahrt Christi ist hier in zwei Momente zerlegt: das Scheiden des Heilandes aus dem Kreise seiner Jünger und die Besitznahme von dem Throne der Herrlichkeit zur Rechten des Vaters. Die untere Abtheilung zeigt uns auf der einen Seite (links vom Beschauer) den Heiland in die Luft emporschwebend, über den Häuptern von sieben Jüngern, zu

---

[1] Homil. in Evang. Lib. II. Hom. 29. c. 5. M. vgl. die poetische Erzählung der Himmelfahrt bei Florus Diacon. Epigr. Libri Homillarum totius anni (Migne Patrolog. Lat. T. CXIX, col. 276), welche den Ausführungen der bildenden Künste völlig entspricht.

[2] Abgebildet bei Gerbert, Vetus liturg. Alleman. v. I. p. 103.

[3] Meichelbeck Chronicon Benedictobeuranum. 1753. I. p. 97.

denen, in den Hintergrund gestellt, Maria hinzugefügt ist; oberhalb ist aus den Wolken eine Hand ihm entgegengestreckt. Auf der anderen Seite steht eine Gruppe von fünf Jüngern, über welchen die beiden Engel, von denen die Apostelgeschichte berichtet, schweben. In der oberen Abtheilung sitzt Christus, mit der linken Hand das Buch des Lebens haltend, mit der rechten segnend, umgeben von einer Mandorla, die zwei Engel halten.

Das Wandgemälde im Chor zu Benediktbeuren zeigte in einer unteren Reihenfolge die Apostel und die Engel als Jünglinge in weißen Kleidern; die betreffende Bibelstelle war beigeschrieben. Zu den Füßen der Apostel sah man zwölf ihrer Nachfolger, Ordens- und Klosterstifter. Die Blicke dieser sämmtlichen Figuren waren in die Höhe gegen den auffahrenden Heiland gerichtet. Oberhalb der Apostel war (wie ich aus dem Vorgang des Denkmals von St. Blasien schließe) eine zweite Figur des Heilandes ausgeführt, nämlich die des in der ewigen Herrlichkeit thronenden Christus.

Diese Darstellung bezeichnet der Berichtgeber mit dem Worte „Seditio." Neben dem Balken in der Halbkugel (iuxta trabis in spera, wie Sighart[1] erklärt, zu Seiten des Triumphbogens) waren zwei Engel, Sonne, Mond und vier Candelaber angebracht.

Die Bildwerke in den oberen Feldern über den drei Thüren, welche aus der (später angebauten) Vorhalle in das Schiff der Kirche von Bezelai führten, sind um die Mitte des XII. Jahrhunderts entstanden. Ich kann in Betreff derselben mich nur auf die von Mérimée[2] gelieferte Beschreibung beziehen, da die lithographirte Abbildung, auf welche der Verfasser zurückweist, der mir vorliegenden Ausgabe seines Werkes nicht beigegeben ist. Wie in dem Langhaus der Kirche zu Benedictbeuren die gleichsam auf die höchste Bedeutung und Erfüllung des Geheimnisses der Menschwerdung vorbereitenden Vorgänge aus dem Leben Christi dargestellt waren, so sind zu Bezelai über den beiden Seitenportalen Scenen aus der ersten Zeit der Erscheinung Christi auf Erden und diesen gegenüber andere Vorgänge, die nach seiner Auferstehung sich zugetragen, abgebildet; über dem mittleren Portal ist die Himmelfahrt und die ewige Herrschaft Christi dargestellt. Den letzten Gedanken sehen wir ausgesprochen in der kolossalen Figur des Heilandes, dessen von einem Nimbus mit eingefügtem Kreuze umgebenes Haupt sogar über den Rand des Giebelfeldes hinausgeht; die Arme sind nach rechts und links zum Segnen oder vielmehr zur Aufnahme der Seinigen ausgestreckt. Der irdische Her-

---

[1] Geschichte der bildenden Künste im Königreich Baiern. München 1862.
[2] Notes d'un voyage dans le midi de la France. Bruxelles 1836. P. 32. 450.

gang seines Scheidens ist nicht nach hergebrachter Weise in einer unteren Abtheilung, sondern durch zwei Darstellungen auf beiden Seiten ausgeführt. Links streckt ein (Oel-) Baum seine Zweige über eine Anzahl von Figuren aus, die Täfelchen oder Bücher halten, die aber nach einem so kleinen Maßstab ausgeführt sind, daß sie kaum bis zu den Füßen Christi hinanreichen. Es sind die Jünger, welche auf die letzten Mittheilungen des göttlichen Meisters eifrig lauschen; rechts erscheint das Gewölk, das den Herrn entführen soll, aus welchem ein Regenbogen, das Zeichen des ewigen Friedens, hervorgeht. Eine der auf dieser Seite angebrachten Figuren ist durch den Schlüssel als Petrus gekennzeichnet. Bei dem ersten Blick gibt sich eine nahe Verwandtschaft zu erkennen zwischen diesem Portalbilde von Vezelai und dem, welches an der entsprechenden Stelle in der Abteikirche von Cluny zur Ausführung gekommen war. Da der Bau der Letzteren im Jahre 1089 begonnen hatte, die Einweihung aber erst 1131 erfolgte, so kann wohl die Priorität unbedenklich für das Bildwerk von Vezelai in Anspruch genommen werden. Bei dieser Kirche zog sich an der Oberschwelle des Einganges unter dem Bogenfelde eine durchaus räthselhafte Darstellung hin, deren Beschreibung bei Mérimée nachgelesen werden kann. Man erblickte zwei Züge von Frauen und Männern, kriegerischen und friedfertigen, welche von den beiden Enden über den Thürpfosten aus nach dem Mittelbilde sich zu bewegen schienen. Von einem Theil des Zuges wird vermuthet, daß er Gaben darbringen wollte. So undeutlich auch die Abbildung des Kirchenportales von Cluny ist, welche Lorain seinem Werke über die berühmte Abtei beigegeben hat [1], so wird dadurch doch der Gedanke angeregt, daß die 23 Figuren, welche an dem Thürsturz ausgemeißelt waren, einen ähnlichen Hergang veranschaulichen sollten, wie die Reliefbilder von Vezelai. Das Mittelfeld des Giebels zeigt uns wiederum den verherrlichten Heiland auf seinem Throne sitzend, in der Linken ein Buch haltend, mit der Rechten segnend; auf beiden Seiten umgeben ihn die symbolischen Gestalten der vier Evangelisten und vier schwebende (Lorain sagt wohl unrichtig „von Wolken getragene") Engel, welche die elliptische Mandorla zu stützen scheinen. Es war also die Herrlichkeit des in den Himmel aufgenommenen Erlösers ausgeführt, aber nicht in unmittelbarer Beziehung auf seine Auffahrt. Die Darstellungen, welche uns die Denkmale von St. Blasien und Vezelai vor Augen stellen, waren vereinfacht, und es ist wohl nicht zu läugnen, daß der Eindruck des großartigen Bildwerks, welches nur eine einzige erhabene Betrachtung in der Seele des

---

[1] Essai historique sur l'abbaye de Cluny. Dijon 1839. p. 77.

Beschauenden wachrief, eine nachdrücklichere sein mußte, als die compli-
cirte Ausführung von Bezelai.

Es ist aber keineswegs bei dem Kirchenportal von Cluny zum
ersten Male der Fall, daß die Darstellung der Himmelfahrt abgetrennt
erscheint von dem irdischen Vorgang, womit sie verknüpft ist. Derselben
Auffassung begegnen wir bereits auf einer von Gori[1] veröffentlichten
Elfenbeintafel, welche, obwohl sie mit griechischen Inschriften versehen ist,
der Herausgeber lieber für das Erzeugniß eines italienischen Künstlers
halten will, der zu Ende des 10. oder zu Anfang des 11. Jahrhunderts
ein griechisches Urbild wiedergab. Die fragliche Tafel, welche die Bei-
schrift ΆΝΑΛΗΨΙΣ führt, zeigt uns schlechthin den Heiland in hergebrachter Weise auf seinem Throne sitzend, innerhalb einer von vier
Engelfiguren gehaltenen Mandorla segnend und das Buch des Lebens
haltend. Die Hand des Vaters ragt aus der Höhe ihm entgegen. Die
weiteren Tafeln, welche mit der fraglichen und einigen anderen verloren
gegangenen ein zusammenhängendes Ganze ausmachten, erinnern vielfach
an das Florentiner Festkalendarium, zeigen aber durch weitere Ausbildung der abgebildeten Scenen bestimmt einen weit späteren Ursprung an.

Fassen wir nun die Resultate der bisher geführten Untersuchung
zusammen, so nehmen wir die frühzeitigsten Darstellungen der Himmelfahrt Christi während der Regierung des Kaisers Justinian — einer für
die byzantinische Kunst Epoche machenden Periode — wahr, wo sie in
die Folge der Bilderreihen mitaufgenommen ist, welche die einzelnen
Momente der Geschichte des Heilandes darstellen. Nach den Zeiten der
Bilderstürmerei erhoben die bildenden Künste sich mit einem neuen kräf-
tigen Aufschwung, die strebsamen Talente wurden von der Dynastie
Basilius des Macedoniers in Dienst genommen, um die zahlreichen kirchlichen Denkmale, durch deren Aufführung diese ihre Herrschaft zu verherrlichen trachteten, zu gründen und zu schmücken. Die Himmelfahrt
wurde zu einem vorzüglichen Gegenstand dieser Kunstperiode, als sie zur
Hauptdarstellung an der Kuppel der Marienkirche des Quells gewählt
wurde, in welcher speciell die byzantinischen Kaiser das Jahresfest der
Himmelfahrt zu begehen pflegten[2]. Die Darstellungsart, die damals
beliebt wurde — eine kunstgerechte Durchführung des ursprünglichen, in

---

[1] Tav. 41. P. 302.
[2] Daß seit der vollständig gewordenen Niederlage der Ikonoklasie eine größere
Sorgfalt der Darstellung der Himmelfahrt so wie der Festbegehung zugewendet wurde,
hat wohl seine tiefere Begründung in dem Umstande, daß bekanntlich mit der ange-
fochtenen Verehrung der Bilder die verweigerte Anerkennung der Realität der Menschwerdung genau zusammenhing.

dem syrischen Manuscripte von 682 veranschaulichten Typus — erhielt sich maßgebend für das byzantinische Reich bis zum 12. Jahrhundert. In der abendländischen Welt beruhte die bildende Kunst wesentlich auf denselben Grundlagen und war von denselben Gedanken geleitet, so lange die beiden Reiche noch durch innere und äußere Bande mit einander verknüpft blieben. Als die erste Entfremdung durch die Ausbreitung der Longobarden in Italien eintrat, wurde auch das innige Zusammengehen der Kunstbestrebungen in beiden Theilen des christlichen Römerreichs beeinträchtigt. Als während des tiefsten Verfalls Italiens der gewaltige Geist Gregors I. die Gedrückten, Verzweifelnden aufrichtete und kräftigte, ein tieferes religiöses Bewußtsein nach allen Seiten erweckte, ging diese Anregung auch für die Kunst nicht verloren und ganz speciell bei den Darstellungen des uns beschäftigenden Gegenstandes machte das Herrscherwort dieses großen Geistes sich geltend. Die abendländischen Darstellungen, die seit der Zeit der Ottonen sich vervielfachen, weichen von dem ihnen vorgeschriebenen Gesichtspunkte nicht ab, halten jedoch die andern Grundzüge des aus älterer Zeit überlieferten Typus bei. Mit dem 12. Jahrhundert fast zu gleicher Zeit, wie es auch in Konstantinopel der Fall war, machte die seitherige Darstellungsweise einer freiern Behandlung Platz, wovon uns die Abtei Vezelai das erste Beispiel geliefert hat. Die Darstellung der Himmelfahrt ward in zwei Momente zerlegt: der Abschied von der irdischen Umgebung und das ewige Walten des verherrlichten Menschensohnes.

Wir haben bei den Darstellungen der Himmelfahrt zwei Auffassungen der Hauptfigur zu bemerken Gelegenheit gehabt: Christus a u f r e c h t s t e h e n d, wie er uns zuerst auf dem Gemälde von 682, später in aufstrebender, selbstthätiger Bewegung auf den abendländischen Bildern erschien; der t h r o n e n d e Christus, wie wir ihn von der Hälfte des 9. Jahrhunderts an von den byzantinischen Kunstwerken eingeführt erblickten. Die letztere Darstellung, welche wir zu Vezelai und zu Cluny wiederkehren sahen, ist die, welche mit dem gangbaren Ausdruck Majestas bezeichnet wird. Es wird hiedurch die für die Wissenschaft der christlichen Archäologie bedeutsame Frage angeregt, ob der erhabenste Gegenstand der mittelalterlichen Kunst, die Majestas Domini, welche insgemein an den Haupteingängen der Dome Ehrfurcht gebietend prangt, in ganz selbstständiger Weise eingeführt wurde, oder aber ob sich dieselbe abgezweigt habe von den Darstellungen der Himmelfahrt, wie sie von den byzantinischen Künstlern fixirt wurde. Freilich geben die heiligen Schriften vielfache Veranlassung das überirdische, allmächtige Walten Christi zu verherrlichen, und es wäre unnöthig die Beispiele anzuführen, wo dieß ohne speciellen

Bezug auf die Himmelfahrt geschehen ist. Aber der ganz bestimmte Begriff, welchen der Sprachgebrauch mit dem Worte Majestas verbindet, wenn er auf den Erlöser angewendet wird, ist der der immanenten Göttlichkeit des Menschensohnes, welche auch aus seiner anthropomorphistischen Erscheinung hervorleuchtete und welche mit überschwenglicher Würde und Erhabenheit offenbar wurde, als er, wahrer Gott und wahrer Mensch, scheidend den Blicken der Jünger sich zeigte, um bis zu seiner Wiederkehr am Ende der Tage dem Anschauen der Menschheit entrückt zu bleiben[1]. Die Feststellung des Begriffes dieser Majestas geht zurück auf unterschiedliche Stellen des Kirchenvaters Hieronymus, an welchen dieser von der aus der irdischen Gestalt hervorleuchtenden Göttlichkeit Christi redet[2], und eben auf diese Stellen ist nach meinem Erachten der üblich gewordene Ausdruck zurückzuführen. Da nach der gemachten Verheißung (Ap.=Gesch. I.) Christus in der Gestalt zum Gerichte wiederkommen wird, in welcher er zum letzten Male den Jüngern sich gezeigt hatte, so war dadurch eine und dieselbe Auffassung des Auffahrenden, den Thron der Ewigkeit Besteigenden und des Aufgefahrenen, zur Rechten des Vaters Sitzenden bedingt[3]. Die Darstellung des Weltrichters konnte sich mit Fug und Recht den Typus der Majestas aneignen, der einmal für die Himmelfahrt von der byzantinischen Kunst eingeführt worden war.

Indem wir jetzt zu der Besprechung des Portalbildes von Petershausen übergehen, zu dessen näherem Verständniß die voraufgehende Untersuchung einleiten sollte, werden wir zugleich Gelegenheit haben, zu konstatiren, wie es kam, daß von dem 12. Jahrhundert an die Darstellung der Himmelfahrt im Abendlande vor der des Weltgerichtes zurücktrat.

Als der Wiederaufbau der 98(?) begonnenen, 992 eingeweihten, dann 1159 durch eine Feuersbrunst zerstörten Kirche zu Petershausen im Jahre

---

[1] An dem Grabmale des h. Vitonus in der Klosterkirche St. Vannes zu Vedün — einem merkwürdigen Erzeugnisse des Erzgusses aus dem Anfange des 11. Jahrhunderts — war der verherrlichte Heiland (Majestas Dei in circumscripti et in comprehensibilis) gebildet in der Mitte zwischen dem h. Petrus und dem h. Vitonus. Zugleich war die Auferstehung, das Wiedererscheinen und die Himmelfahrt des Erlösers dargestellt. (Hugo Flaviniacens. Chron. Lib. IV. bei Pertz Monum. Germ. Histor. T. VIII.)

[2] Comment. in Evang. Matthaei. Lib. I. c. 9. Lib. III. c. 21. Vgl. Epist. LXV ad Principiam cap. 8.

[3] In dem Benedictionale des J. Aethelwold sehen wir demgemäß (Taf. XI und XXII) den zum Himmel auffahrenden und den zum Weltgerichte wiederkehrenden Heiland in ganz identischer Weise dargestellt.

1162 in Angriff genommen wurde, wurde am Vorabend des Himmelfahrttags der Grundstein gelegt. Aus diesem Umstande läßt sich folgern, daß damals auch schon der Beschluß über die Verzierung des Portals durch die Himmelfahrtsscene gefaßt war, daß der Entwurf unseres Bildwerks also ganz wahrscheinlich in diese Zeit fällt. Es greift die Darstellung zu den ältesten zurück, ohne jedoch den Standpunkt des Abendlandes zu verläugnen. In dem oberen Felde erblickt man den Heiland, den Kreuznimbus um das Haupt, das Siegeskreuz in der Hand, in jugendlicher Gestalt, mit selbstthätiger Bewegung gen Himmel schwebend, die Hand nach den Zurückgelassenen ausstreckend, wohl nicht „gleichsam Lebewohl sagend", wie Herr v. Krieg [1] erklärt, sondern die Zurückgebliebenen zur Nachfolge einladend und nach sich ziehend. Die Engel zu beiden Seiten der Mandorla erscheinen im Begriff niederzusinken vor Dem, „vor dem sich alle Kniee beugen sollen im Himmel und auf Erden." Auf dem Thürsturze erblicken wir wieder, wie auf den ältesten Darstellungen, die Apostel in zwei Gruppen und in der Mitte die heilige Jungfrau, welche die Arme zwar nicht ausstreckt, jedoch die von den Aermeln freigemachten Hände betend auf die Brust zurücklegt. Die Kleidung der Apostel und der Maria entsprechen durchaus der altchristlichen Weise. Die Apostel tragen eine Tunika mit übergeschlagenem Pallium; die Häupter sind unbedeckt, die Füße unbeschuht. Die Kleidung Marias ist wie herkömmlich die einer römischen Matrone; nur ist, wie die gesteigerte Verehrung es erheischte, der älteren Sitte zuwider, eine Krone auf ihr Haupt gesetzt. Bei der Bekleidung Christi des Hohenpriesters der Ewigkeit ist die Absicht nicht zu verkennen, die Gewande desselben dem üblichen oberpriesterlichen Costüme anzunähern. Daß der Faltenwurf der Gewänder noch den Charakter der älteren Schule hat, ist durch Herrn v. Krieg hervorgehoben worden [2]. Die Mannigfaltigkeit der Bewegung bei den einzelnen Figuren, je nach der vorwaltenden Gemüthsstimmung, wodurch dem ganzen Bilde eine rege, anziehende Lebendigkeit verliehen wird, verdient mit den anderen einschlägigen Kunstleistungen verglichen zu werden. Der Raum verbietet uns jedoch auf die künstlerische Würdigung näher einzugehen. Selbstverständlich ist es, daß bei diesem theilweisen Zurückgehen zu der älteren Darstellungsweise eine wieder angeknüpfte Bekanntschaft mit den älteren Monumenten stattgefunden haben muß. Auf welche Weise diese vermittelt worden ist, läßt sich schwer

---

[1] Das Kirchenportal der Abtei Petershausen nunmehr in dem Garten des Schlosses Neu-Eberstein. Karlsruhe 1852.

[2] Auch der Schmuck der den Aposteln geliehenen Kleidertracht, wie sie auf byzantinischen Kunstwerken vorkommt, ist nicht außer Acht zu lassen.

sagen. Soll ich eine Vermuthung wagen, so will ich darauf hinweisen, daß hiebei die rege, fast über die ganze christliche Welt sich verbreitende Thätigkeit der Cluniacenser mit in Anschlag zu bringen sein wird. Das Kloster zu Petershausen war reformirt worden nach dem Vorbilde von Cluny und blieb gewiß in Verbindung mit dem berühmten Ordenshause. Der Kreuzzug unter König Konrad hatte vielfache — freilich nicht anhaltende — Beziehungen zwischen dem byzantinischen und dem deutschen Kaiserthume geknüpft; in wie freundlicher Weise der Orden von Cluny sich der oströmischen Herrschaft anzunähern suchte, mit welcher Anerkennung die Bedeutung derselben aufgefaßt wurde, ersieht man namentlich aus dem Briefe, in welchem der Abt Peter der Ehrwürdige von Johannes, dem Komnenen das Kloster Civitot in der Nähe von Konstantinopel zurückfordert, welches dessen Vater Alexius den Cluniacensern geschenkt hatte, das aber nach dem Tode des letzteren griechische Mönche an sich gerissen hatten.

Ich will diese Abhandlung nicht schließen, ohne den Leser noch zur Vergleichung der Einrahmungen aufzufordern, welche die Rundbilder der Portale zu Vezelai, Cluny und Petershausen umkränzen. An den erstgenannten Orten sehen wir die Archivolten mit den vielfachen Verzierungen ausgestattet, welche die spätromanische Kunst für diesen Behuf darbot. Gruppen zahlreicher, nicht zu deutender Figuren, dann die Bilder des Zodiakus, der Jahresarbeiten, mit phantastischen Thiergestalten untermischt, endlich unterschiedliche architektonische Verzierungen schmücken die dreifache, concentrische Einrahmung zu Vezelai; anbetende Engel zu beiden Seiten des Bildnisses Gott des Vaters (über der Kolossalfigur des verherrlichten Sohnes), Windungen von Laubwerk, sodann eine Reihe von Köpfen in einzelnen Medaillons umgeben das Mittelbild des Portales von Cluny. Ganz anders, in weit ernsterer und strengerer Weise, die überflüssige Fülle bildlichen Schmuckes gleichsam abweisend, ist man zu Petershausen zu Werk gegangen. Nur zunächst um das Bildwerk des Tympanon zieht sich ein Arabeskengewinde umher; an den bogenförmigen Leisten, welche dasselbe weiter einschließen, an der Mandorla, welche das Christusbild umgibt, unten und oben an dem Thürsturze sind in acht leoninischen Versen inhaltschwere Inschriften angebracht. Der dem Heiligthum sich Nähernde wird belehrt, daß der (durch seine Schuld) dem Verderben Anheimgefallene sich dem Throne des Ewigen nicht nähern wird; daß der Menschensohn nicht mild, wie er von den Jüngern schied, sondern zürnend und rächend zurückkommen wird, um das Weltgericht zu halten, zu welchem die Apostel um ihn versammelt sein werden; an diese soll der Gläubige mit Gebeten sich wenden, um einem

G

unwiderruflichen Mißgeschick zu entgehen. Man sieht, der Urheber des Bildwerks — denn von diesem rühren auch die Inschriften her — läßt es sich nicht sowohl angelegen sein, die dogmatische Bedeutung der dargestellten Scenen, die ewige Vereinigung der göttlichen und menschlichen Natur hervorzuheben (wie sie in den Bildwerken und in den bezüglichen Homilien in älterer Zeit erläutert wird), sondern knüpft daran die Beherzigung des Weltgerichtes und der letzten Dinge. Man kann hier den Uebergang zu der vorwaltenden Tendenz der gothischen Portalverzierungen wahrnehmen. Um sich diesen Uebergang klar zu machen, muß man die Portalbilder von Vezelai, Cluny und Petershausen vergleichend mit einigen älteren zusammenstellen, welche während der ersten Hälfte des 12. Jahrhunderts in einigen Kirchen des südlichen Frankreichs zur Ausführung kamen. Es sind dieß die Kirchen zu Moissac am Tarn, St. Gilles in der Provence und von St. Trophime in Arles [1]. Wir sehen hier Darstellungen des Weltgerichtes, in dem Mittelfelde die Majestas Domini wie zu Cluny und zu Vezelai; an dem Thürsturze die zu Gericht sitzenden Apostel; von der einen Seite nahen sich die zur Seligkeit Berufenen; auf der anderen Seite schreiten die Verdammten der ewigen Qual entgegen. Man sieht, die Majestas der Himmelfahrtsbilder ist geblieben; den nachschauenden Aposteln sind die zu Gericht sitzenden substituirt, und diese Compositionen sind es, welche von der gothischen Kunst aufgegriffen und ausgebildet wurden. Das Sculpturwerk von Petershausen bildet ein sehr merkwürdiges Mittelglied.

Bei den gothischen Portalbildern waltet durchaus der ethische Gesichtspunkt vor, den zwar von ältester Zeit an die geistige Richtung des Abendlandes überall festhielt, der aber, wie die Zeitbedürfnisse es dringender zu fordern schienen, von der bildlichen Ornamentation des gothischen Kirchenbaues auf das Nachdrücklichste verfolgt wird. Hier wird in einem stets wohl durchdachten großen Bildercyclus die Geschichte, die göttliche Erziehung des Menschengeschlechtes von dem Urbeginn der Schöpfung und dem Sündenfalle an dem Beschauer vorgeführt. Der Opfertod Christi am Kreuze bildet den Mittelpunkt, an welchen sodann die Aussicht auf die Zukunft, das Weltgericht, die letzten Dinge angeknüpft werden. Das ewige Gottesreich, durch Christus in der Herrlichkeit veranschaulicht, bildet in der Höhe des Giebelfeldes den Abschluß. Die Darstellung der Himmelfahrt ist, wie nothwendig, nicht mit der Aus-

---

[1] Das Portalbild von St. Gilles hat Mérimée, a. a. O., S. 271 für eine Nachahmung des von St. Trophime erklärt. Eine Abbildung des Letzteren liefert Millin Voyage dans le midi de la France. Tom. III. Pl. 70.

führlichkeit behandelt, wie es bei den besprochenen Denkmalen in den byzantinischen und abendländischen Kirchen der Fall gewesen war. Der thronende Menschensohn — wie man es zum Beispiel hier in Freiburg sieht — ist durchgängig an die Scenen des Weltgerichtes angereiht, nicht an den Abschied von den Jüngern. Jedoch sieht man die letzte Verbindung noch bei dem Hauptportale des Straßburger Münsters.

Die christliche Hoffnung und Sehnsucht, welche durch die älteren Darstellungen so ergreifend angeregt worden war, finden fortan ihre Vergewisserung und ihren Ausdruck in den Bildern, welche die Auffahrt und die Krönung der heiligen Jungfrau feierten, und die fortan der regelmäßige Hauptschmuck der Zugänge zu den Kirchen wurden. Die Parallele, welche Peter Damiani zwischen der Himmelfahrt Christi und der seiner Mutter zieht [1], verdient auch bei der Betrachtung der Werke der darstellenden Kunst in Erwägung gezogen zu werden.

Nachtrag.

Die von Münter ausgesprochene, von Raoul=Rochette wiederholte Behauptung würde freilich als völlig widerlegt zu betrachten sein, wenn das Elfenbein=Relief, das aus der Sammlung des Herrn v. Reider in Bamberg in das baierische Nationalmuseum übergegangen ist, dem 4. Jahrhundert angehörte und gar, wie Herr Prof. Sepp (Jerusalem und das heilige Land Bd. I. S. 383) glauben möchte, auf Befehl der Kaiserin Helena in Jerusalem selbst angefertigt worden wäre. Als ein vermuthliches Werk des 4. Jahrhunderts findet sich die Tafel noch angeführt bei Lotz „Kunsttopographie Deutschlands" (Bd. II. S. 300) und bei T. Tobler: Theoderici libellus de locis sanctis. St. Gallen 1865 S. 179. (Die Abhandlung von J. A. Meßmer in den Mittheilungen der k. k. österreichischen Centralcommission zur Erforschung der Baudenkmale, April 1862, bin ich nicht in dem Falle benutzen zu können.)

Die Ansicht des Herrn Förster, welcher die Entstehungszeit in das 10. oder 11. Jahrhundert hinaufrücken wollte, lehnt Herr Prof. Sepp mit allem Rechte ab. Früher hatte Herr Dr. Waagen (Kunstwerke und Künstler in Deutschland Th. I. S. 116) die Vermuthung geäußert, das Meisterwerk werde dem 6. oder 7. Jahrhundert angehört haben; für den Ursprung während des 7. Jahrhunderts hat sich, wie Herr Prof.

---
[1] Serm. XL. In Assumpt. B. Mariae Virg. (Migne, Patrol. Lat. T. CXLIV. col. 712.)

Sepp in den Nachträgen zum 1. Bande seines Werkes (S. 781) mittheilt, auch Herr. Prof. Lange in Marburg ausgesprochen. Herr Prof. Sepp machte das freimüthige Zugeständniß, daß der vollendete Kunststil eher dem Zeitalter Justinians (als dem Konstantin des Großen) entspricht. Die Tafel stellt nun nicht, wie noch bei Lotz und bei Tobler angegeben ist, die Auferstehung und die Himmelfahrt dar, faßt auch nicht — wie es bei Herrn Prof. Sepp heißt — beide Vorgänge in einem Bilde zusammen, sondern combinirt die Auferstehung mit dem Besuche der drei Marien bei dem Grabe des Erlösers, in derselben Weise, wie diese Scenen in einem und demselben Rahmen zusammengefaßt waren, auf einem Mosaikgemälde in dem Domchor der Auferstehungskirche, welches uns der Pilger Theodorich beschrieben, und welches Tobler mit dem Münchener Relief verglichen hat. Dem letzteren möchte ich noch zwei Darstellungen an den ehernen Thürflügeln des Domes zu Hildesheim zur Seite stellen, welche auf Befehl des Bischofes Bernward um das Jahr 1015 angefertigt wurden. Eines von diesen Reliefs stellt die drei Marien am Grabe dar, das unmittelbar darüber befindliche den erstandenen Heiland, das Kreuz in der Hand vor der geöffneten Thüre eines Gebäudes von der Gestalt eines runden Thurmes, der von einem auf Säulen ruhenden Dome überragt wird. Eine gleichsam vermummte, ihre Hände nach dem Heiland ausstreckende Frau hat sich diesem zu Füßen geworfen. Ich kann mich nicht bestimmen, mit dem Herausgeber, H. Kratz (Der Dom zu Hildesheim, 1840 Th. II. S. 58) hier den Heiland zu sehen, welcher „der zu seinen Füßen liegenden, vom Erdenstaube sich erhebenden Menschenfigur seine geöffnete Rechte entgegenstreckt, um dadurch anzuzeigen, daß sie in das durch ihn wieder geöffnete Paradies eingehen könne," sondern ich halte einfach dafür, daß die Erzählung bei Joh. 20, 17. dargestellt ist, wo der erstandene Heiland zu Maria Magdalene spricht: „Rühre mich nicht an, ich bin ja noch nicht aufgefahren zu meinem Vater." Das thurmartige Gebäude kann ich nicht für ein Bild des Paradieses nehmen, sondern betrachte es als das Grabmal Christi, das statt des quadraten Unterbaues, welchen die Münchener Tafel angibt, irrig einen abgerundeten erhalten hat. Wie auf der von Tanini herausgegebenen Kupfermünze (Sepp, a. a. O. S. 793) schließen sich an dieses Gebäude Bogen eines Porticus an. Aus dem Baume und dem darauf sitzenden Vogel des Elfenbein-Reliefs sind drei Bäume und drei Vögel geworden; Herr Kratz hat diese Vögel gewiß mit Recht für Adler angesehen. Die Erklärung derselben kann man nachlesen bei Hieronymus Comment. in Evang. Matth. IX, 9. M. vgl. Rhaban. Maur. Allegoriae in sacr. script. s. v. Aquila.

Was die Reihenfolge von Köpfen betrifft, welche auf der Münchener Elfenbeintafel oberhalb der Thüre um die Grabkapelle herumlaufen, so sind diese auf die Propheten zu beziehen, deren Brustbilder ebenfalls auf einem der angeführten Gefäße von Monza rings um die Kapelle der Engelerscheinung, nicht um die Grabkapelle — wie Frisi a. a. O. S. 30 angibt — angebracht sind. Zu vergleichen sind weiter die Köpfe an einem der Gurtbögen, welche das Giebelfeld des Kirchenportales von Cluny umschließen. Diese frühe Zusammenstellung der Weissagung und Erfüllung ist von der späteren Kunstübung getreulich beibehalten worden; wir nahmen sie wahr bei dem Kuppelbilde von Gaza, wo die Schaar der Propheten den auffahrenden Heiland umringt; wir haben sie festgehalten gesehen auf den Denkmalen des zwölften Jahrhunderts, worüber ich berichtet habe.

Während ich diese Zeilen niederschreibe, kommt mir Hrn. Ritter Rossi's Bulletino vom November 1865 zu. Der berühmte Gelehrte bespricht im Vorbeigehen die Münchener Elfenbeintafel, die etwa dem 5. Jahrhundert zugeschrieben werden müsse; die Darstellung der Grabkapelle will er jedoch eher als eine freie Reminiscenz des Künstlers betrachten, als für eine wirkliche Abbildung des Constantinischen Baues, wenn sie übrigens kein bloßes Phantasiegebilde uns vorlegen sollte. Nicht um der Lockung nachzugeben, die uns oft verleitet, mit denjenigen in Widerspruch zu treten, welchen wir die größten Belehrungen schulden, sondern im Interesse des wichtigen Gegenstandes kann ich nicht unterlassen, in Bezug auf die ursprüngliche Construction der Grabkapelle das Zeugniß des Patriarchen Sophronius von Jerusalem hervorzuheben. Dieser, nach Matranga's wohl nicht zu bezweifelnder Conjectur, während der Verheerung des heiligen Landes durch das Perserheer im Jahr 614 von seinem Sitze abwesend, spricht in einer seiner von Mai (Spicileg. Roman. T. II.) herausgegebenen Hymnen seine Sehnsucht nach den geheiligten Stätten aus; im Geiste kehrt er dahin zurück; er möchte durch das Stadtthor von Jerusalem eintreten, und zur Auferstehungskirche pilgern. Dann heißt es:

Γλυκερὸν πέδον φιλήσω,
Ἱερὸν κύβιν κατείδω,
Μέγα οὐρανόστερόν τε
Τέτρα . . . . .

Die Beschreibung der Grabkapelle, welche diese leider verstümmelte Stelle uns vorlegt, scheint mir der Abbildung auf der Münchener Tafel im Wesentlichen zu entsprechen. Dieses vollwichtige Zeugniß beherzigend, glaube ich der Ansicht des Herrn Prof. Sepp mich anschließen zu müssen, welcher

auf bem fraglichen Schnitzwerk eine ber Wirklichkeit nahkommende Dar=
stellung ber ursprünglichen Grabkapelle erblickt. Die Entstehungszeit des
Kunstwerkes fällt also jebenfalls vor ber Zerstörung ber Grabkapelle
burch bie Perser unb ihrer Wieberherstellung in veränberter Gestalt,
welche burch ben Priester Mobestus (616—626) bewerkstelligt wurbe.

Nachtrag.

Zu S. 46. Nach wiederholter Bemühung gelang es dem Verfasser der Abhandlung über die Kirche zu Petershausen, aber erst nach dem Drucke derselben, das dort citirte Werk von Maler Nikol. Hug, „Abbildungen alter Kunstwerke im großh. badischen Seekreis" zu erhalten, welches General von Krieg zwar citirt, aber nicht eingesehen zu haben scheint. Aus der dort gegebenen Abbildung des Portals der zweiten Kirche zu Petershausen (jetzt in dem Garten des Schlosses Neu=Eberstein aufgestellt) ist ersichtlich, daß dazu an den beiden Seiten neben dem Eingange noch sechs Basreliefs auf Sandsteinplatten gehörten, welche in die Mauer eingelassen waren; davon sind zwei kreisrund, vier haben die Form von länglichen, oben mit einem Rundbogen versehenen Fensteröffnungen. Das eine der kreisrunden Basreliefs ging bei dem Abbruch der Kirche gänzlich zu Grund; die übrigen fünf hatten durch die Zeit viel gelitten, doch waren die Vorstellungen im Allgemeinen noch kenntlich und Hug gibt Abbildungen von ihnen. Wir behalten uns vor, auf die Erklärung derselben bei einer andern Gelegenheit zurückzukommen. Nach der Meinung Hugs waren es Darstellungen von Scenen aus dem Leben des Bischofs Gebhard II., des Gründers der Kirche. Nach einer Aeußerung des Herrn Münsterpfarrers Koh zu Konstanz, dessen gütiger Vermittlung ich die Erwerbung des Werkes von Hug verdanke, hält derselbe die Steinbilder eher für Darstellungen der Werke der christlichen Barmherzigkeit. In Bergmanns „Merkwürdigkeiten des Großherzogthums Baden" sind diese damals noch durch Mörtel verdeckten fünf Steinbilder nicht zu sehen; sie sind leider verloren gegangen.

Durch eine gütige Mittheilung des um die Geschichte von Konstanz so sehr verdienten Herrn Dr. Marmor kamen mir sehr schätzbare Notizen über Petershausen zu, sowohl über die Geschichte der Abtei als über die Kirche daselbst, jedoch gleichfalls erst nach dem Drucke der Abhandlung. Um sie zur Kenntniß der Leser des Archives zu bringen, lasse ich die Notizen über die Kirche hier folgen.

1) Der Prälatur=Altar aus Holz wurde vom Markgrafen Ludwig von Baden (dem nachherigen Großherzog) im Jahre 1809 der Pfarrkirche zu Mimmenhausen geschenkt, welche ihn als Hochaltar verwendete. S. Staigers Salem S. 360.

2) Zwei kunstvolle Steinbilder in halb erhabener Arbeit, jedes 6 Fuß hoch und 4 F. 1 Zoll breit, deren eines rechts in zwei Gruppen mit sieben Figuren die hl. Dreieinigkeit, das andere links mit neun Personen die Abnahme Christi vom Kreuz darstellen, die sich früher im westlichen Kreuzgang des Klosters Petershausen befanden

und höchst wahrscheinlich vom Bildhauer Hans Morink gefertigt waren, wurden auf das Osterfest 1853 in der neu erbauten Pfarrkirche zu Heybach bei Markdorf angebracht. S. Staigers Meersburg S. 269. Von diesem Hans Morink heißt es im Konstanzer Insassenbuch 1551—1588 S. 143 unter dem 13. September 1578: "Hansen Moring aus dem Niederland, einem Bildhauer, ist auf des Abts von Petershausen Fürbitt vergunbt, allhie oder zu Petershausen zu wohnen, so lang er sich wohl haltet und es eines Raths Gelegenheit ist." Im Jahre 1582 am 2. April wird Hans Moringer, ein Bildhauer aus Kernbten, zum Bürger zu Konstanz angenommen. Konstanzer Burgerbuch vom J. 1551—1582. S. 248.

3) Aus seinen Jugendjahren erinnert sich Herr Dr. Marmor, in der Kirche zu Petershausen (deren Abbruch 1831 begonnen wurde) Folgendes gesehen zu haben: Trat man durch das gegen Osten liegende Portal in die Kirche ein, so befand man sich in einem Raume, der die Breite und Länge der Orgel hatte, welche sich über ihm befand. Dieser Raum mag etwa 10—12 Fuß breit gewesen sein und so lang als die Kirche selbst. Durch eine verschlossene Thüre in der nördlichen Wand kam man in das um 1769 neu erbaute Kloster, und zwar zuerst in einen Vorraum, in welchem sich der Eingang in die Gruft der Mönche befand, und hernach durch eine Thüre in die sog. Kapitelkirche oder Kapitelsaal mit einem Altar gegen Norden und mehreren größeren Tableaur aus Gyps gefertigt, Scenen aus dem Leben des hl. Benedikt darstellend, so viel ich mich erinnere. Diese Kapelle wurde in den 1820er Jahren von den noch lebenden Mönchen zum Gottesdienst verwendet. Sie steht noch und von ihr aus führt eine nördliche Thüre in den untersten Gang des Klosters. In ihr wurde auch die Leiche des letztverstorbenen Abts auf einem Katafalk ausgestellt.

Der besagte Raum der Abteikirche unter der Orgel reichte bis zur ersten der zehn Säulen und war hier außer der gottesdienstlichen Zeit in der Mitte durch eine Doppelthüre und auf beiden Seiten der Nebenschiffe durch eine einfache Thüre verschlossen, welche Thüren jedoch die Einsicht in die Kirche selbst gestatteten. Die Kirchenstühle reichten auf beiden Seiten von der ersten Säule bis zur dritten. An der vierten Säule (vom Eingang an) rechts oder gegen Norden war die sehr schmucklose Kanzel und ihr südlich gegenüber an der Säule der sog. Mutter=Gottes=Altar mit dem wunderthätigen Mariabild aus Mengen, das sich jetzt auf dem Maria=End=Altar im Münster befindet. Von diesem Altar links oder südlich befand sich die St. Michaelskapelle, durch zwei eiserne Gitter verschließbar. In ihr stand gegen Westen der Altar und gegen Osten an der Wand ein großes und schönes bemaltes Grabmal eines Ritters von Reischach mit einer Inschrift. Dieses Denkmal ist jetzt im Schloß der v. Reischach zu Schlatt unter Krähen im Gang befindlich, wahrscheinlich von Hans Morink aus gelbem Oehninger Sandstein verfertigt: Werner v. Reischach † am 23. Februar 1623 als Pfründner des Klosters an der Pest.

In der südlichen Kirchenwand war unter der Orgel Christus mit dem Kreuz im rechten Arme in halb erhabener Arbeit aus Sandstein (1575) angebracht. (Dieselbe ist, so viel ich weiß, noch im Besitz des Bildhauers Bauer hier.) In der Kirche selbst waren von der Thüre bis zur St. Michaelskapelle auf der nämlichen Seite zwei oder drei kleinere Sandsteinbilder, wahrscheinlich von Morink; auf der rechten oder nördlichen Seite befanden sich, so viel mir erinnerlich, keine Tafeln.

Am Ende des Schiffs der Kirche führten einige Stufen zum erhöhten Chor empor. Wenige Fuß davon stand das fünfte Säulenpaar. Rechts und links, noch außerhalb des Chors, war jeweils ein Altar angebracht, und in der Mitte stand der Pfarraltar. Beim rechten Altar befand sich ein Eingang in den Kreuzgang des Klosters, beim linken, etwas nördlich davon, der Aufgang durch eine lange Treppe, die aber von der Kirche aus nicht sichtbar war, in den Vorraum vor der Sakristei.

Das Chor, welches schmucklose braunholzfarbene Chorstühle enthielt, konnte zu bestimmten Zeiten durch einen beim Pfarraltar angebrachten (blauen) Vorhang verschlossen werden. Rechts vom Hochaltar war in der Höhe die Kapelle für den Prälaten; links von ihm führte eine Thüre über zwei Stiegen in den Kreuzgang und links oder südlich eine Treppe in einen Vorraum, in welchem sich an der westlichen Wand ein Altar, gleich daneben gegen Süden die Thüre in den Kirchthurm und östlich in die Sakristei befand.

4) Im städtischen Archiv befinden sich mehrere Archivalien, welche die Kirche Petershausen betreffen. So unter Anderm ein Buch Nr. 8 mit dem Titel: „Allerlay alt und new Verträg und Sachen, betreffend ain Statt Costanz vnd das Gottshus Petershusen." Dieses Buch enthält (deutsch) die Fundation des Gotteshauses um 989 nebst andern Sachen bis zum Jahr 1732.

Nach Mittheilung des Literaten Xaver Staiger soll sich in Salem ein von ihm geordnetes sog. „Petershauser Archiv" befinden, das vielen Aufschluß gebe.

5) Zu der Literatur über Petershausen gehört endlich noch: Crocer, Chronikblätter der säcularisirten Benedictiner-Abtei Petershausen, Waldshut 1841, und Ebendesselben Chronik-Brevier von Petershausen, Waldshut 1841. Beide Druckschriften sind im Weg des Buchhandels nicht mehr zu haben und konnten von dem Verf. der Abhandlung nicht benützt werden; nach erhaltenen Mittheilungen sollen sie ohne Bedeutung sein.